Rodolphe Grenier

Le Ridicule
et
le Sérieux

Relu par Marguerite Loridon

recueil

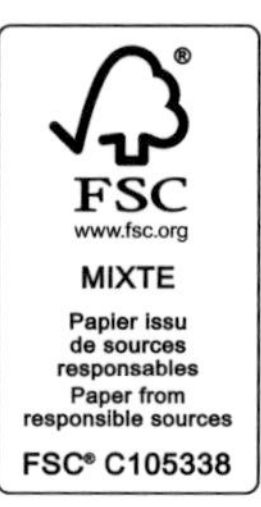

FSC
www.fsc.org
MIXTE
Papier issu
de sources
responsables
Paper from
responsible sources
FSC® C105338

Édition : BoD · Books on Demand, 31 avenue Saint-Rémy,

57600 Forbach, bod@bod.fr

Impression : Libri Plureos GmbH, Friedensallee 273,

22763 Hamburg (Allemagne)

ISBN : 978-2-3226-2231-3

Dépôt légal : Mai 2025

@piekace

Antoine grandit

Celle qui libère les hommes

Vive le kitsch

Le devoir du croustillant

Paris — Sancerre

Le muscle qui ne se repose pas

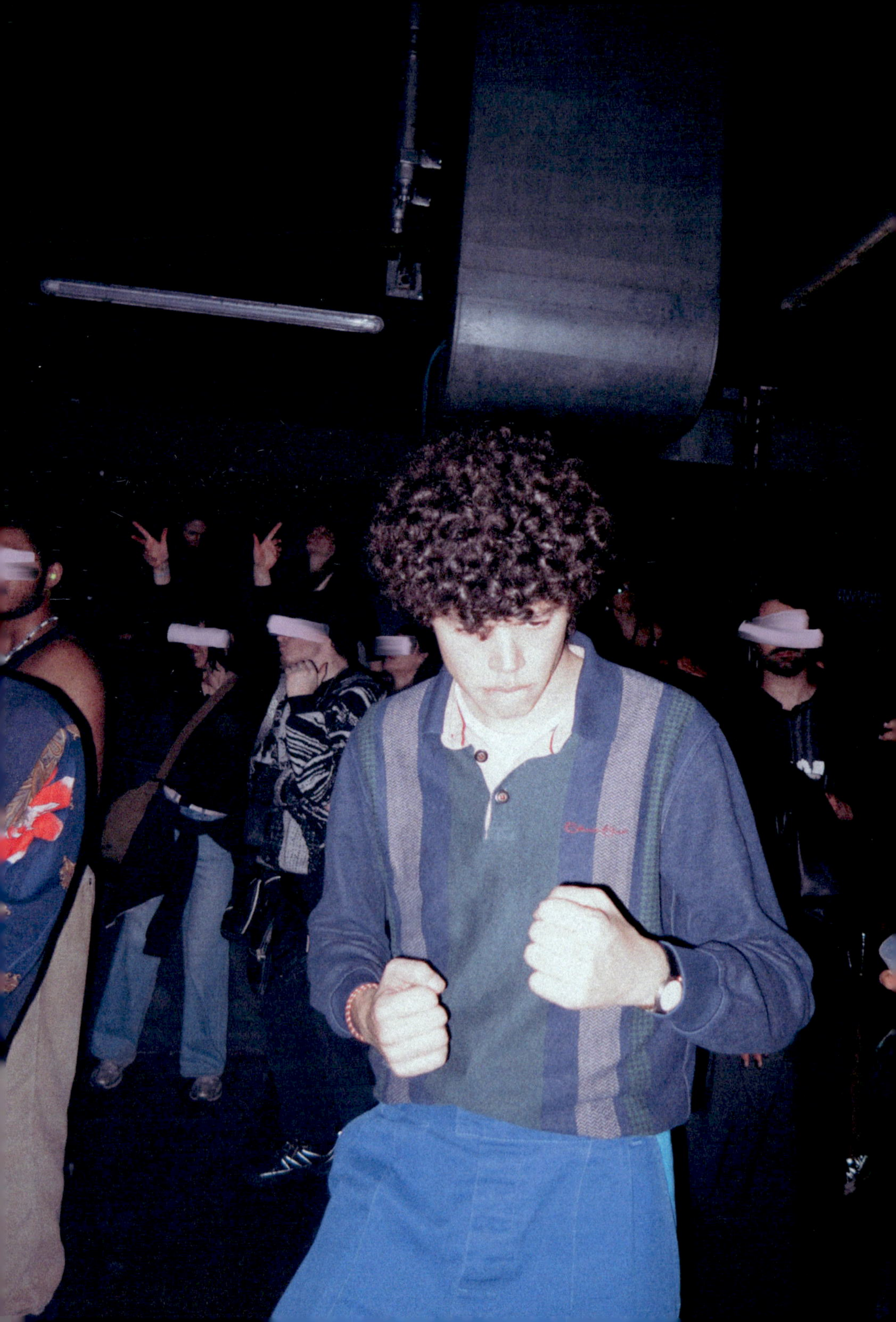

Antoine grandit

Peu importe l'âge qu'on a, on reste un enfant toute sa vie. Prenons l'exemple d'Antoine.

La veille de ses 25 ans, Antoine opte pour l'avant-première du tout nouveau *James Bond*. Le paradoxe du film, c'est, qu'une fois la projection terminée, l'imaginaire se n'arrête pas ; on continue de se faire des films dans notre tête. Au générique de fin, une poignée de personnes sort de la salle, Antoine parmi les derniers. La porte de sortie menant dans une ruelle étroite, le solitaire enfile sa veste en cuir et rejoint la rue principale adjacente. Au croisement, un bar fréquenté abrite les jeunes Parisiens de la pluie. Antoine, adoptant la prestance de l'agent secret britannique, entre et commande un double whisky.

Son ventre le brûle, non pas après avoir bu le whisky, mais avant. Son ventre brûle de désir. Antoine salive en imaginant le liquide couler dans sa gorge. Tout ce qu'il veut, c'est se sentir bien, alors il décide, à moitié sûr, de boire un verre. Il faut dire qu'Antoine avait un grand-père du même nom qui avait la calvitie, il n'y avait que lui dans sa famille qui perdait ses cheveux, alors quand Antoine a découvert qu'il perdait lui aussi ses cheveux, il a pris peur. Une peur peut-être irrationnelle : il savait que son grand-père était également alcoolique.

Alors notre jeune protagoniste s'est imaginé héritier d'une double malédiction : la perte de ses cheveux et l'addiction à l'alcool, tout comme son grand-père. Le crâne chauve et le ventre en feu.

Ce soir, notre cher Antoine ne lutte pas contre son désir d'alcool, mais plutôt contre son déséquilibre dans le couloir de l'appartement. Il est ivre et se dirige vers sa chambre en évitant de faire tout bruit suffisamment fort pour réveiller son père ou sa sœur. Il se faufile dans son lit, au chaud, et frissonne de bien-être. Mais parce que ce moment est trop bon pour durer, le bruit du verrou de la porte d'entrée brise le silence de l'appartement. Ses quelques neurones encore sobres font le calcul : un intrus s'apprête à entrer, probablement un voleur, un agresseur. Imaginez-vous la situation : il fait sombre, Antoine est dans un état second et se fait des films. Séparé de l'entrée par un couloir d'environ cinq mètres, pris d'un courage calqué sur James Bond, il se lève, sort de sa chambre et court vers la porte.

Avez-vous déjà ressenti tellement de haine, de panique et de peur en même temps que vos membres en frissonnent, un mélange de faiblesse et de puissance débridée ? Antoine sent son esprit et son corps désaccordés, mais aussi plus que jamais vivants, il court et parcourt ces cinq mètres de couloirs tremblant d'excitation. Ses jambes, accumulant tellement d'énergies contradictoires, vacillent. Le couloir plongé dans la pénombre, sans lumière pour éclairer son chemin, Antoine s'élance dans le vide. Son poing se lève et s'abat sur la joue de la silhouette.

Le geste accompli, comme dans les films, symbolise pour Antoine probablement sa plus grande satisfaction jamais vécue. L'inconnu tombe sur le sol telle une cuillerée de purée sur l'assiette d'un jeune collégien à la cantine. La lumière s'allume, une voix crie : celle de sa petite sœur. Illuminées par l'ampoule au plafond, les pupilles d'Antoine se referment pour s'adapter à la luminosité et tombent sur le visage de l'inconnu. Antoine, dans le hall de l'immeuble, découvre son père inconscient sur le sol. Pardonnez son ivresse, il lui faudra un long moment pour comprendre la situation. Une fois les quelques neurones sobres restant reconnectés, Antoine décide de lever les jambes de son père pour faire remonter le sang au cerveau.

C'est avec ce joli tableau que je conclus le récit : un jeune homme qui n'a pas grandi et qui en subit les conséquences tient son père par les jambes, comme une brouette, dans le hall d'un immeuble en pleine nuit, sa petite sœur terrorisée et les voisins réveillés. Ce tableau est ridicule, je vous l'accorde, mais la situation pour notre cher Antoine est sérieuse. On reste un enfant toute notre vie, victime du ridicule. Éventuellement, on grandit lorsque le sérieux frappe à notre porte.

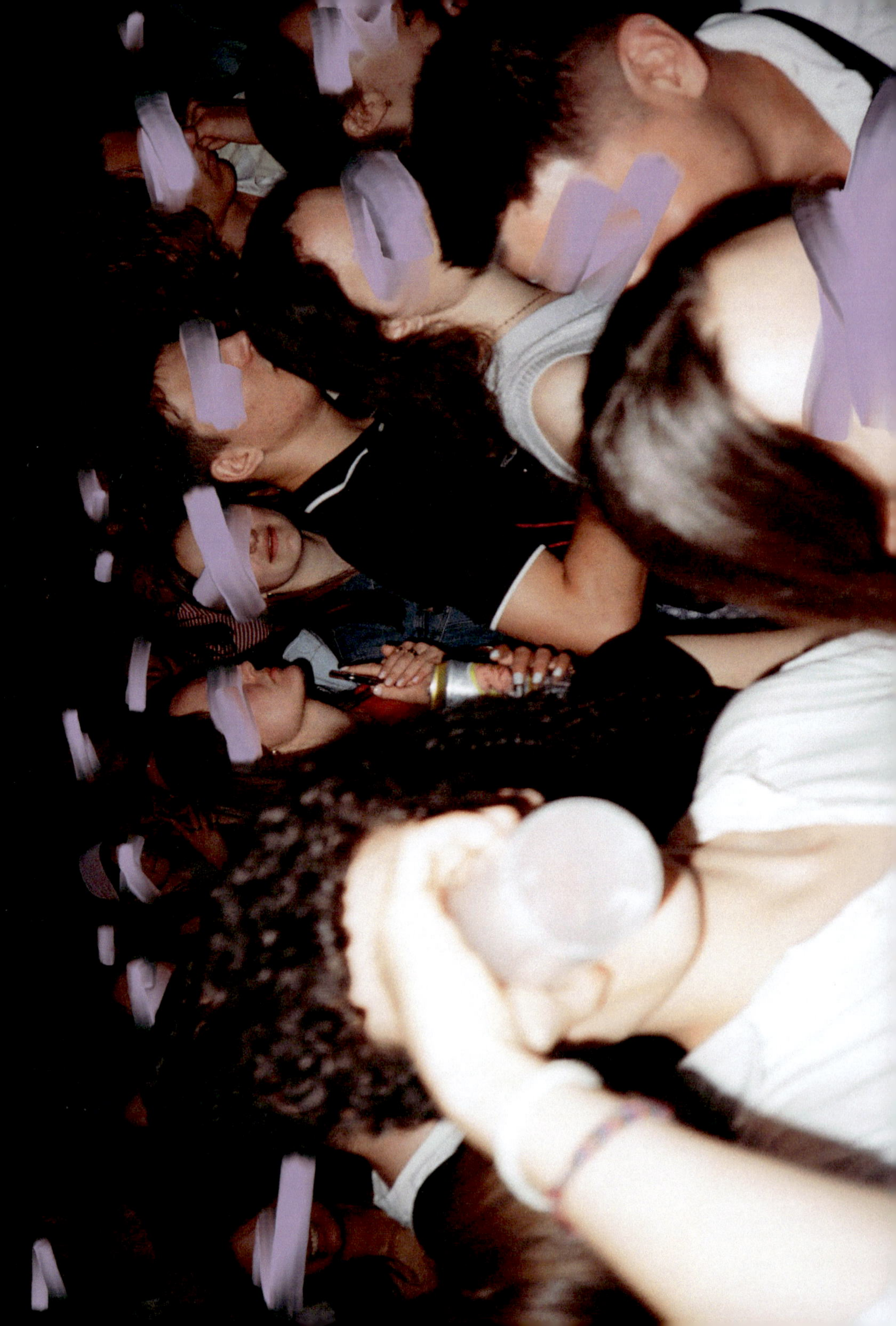

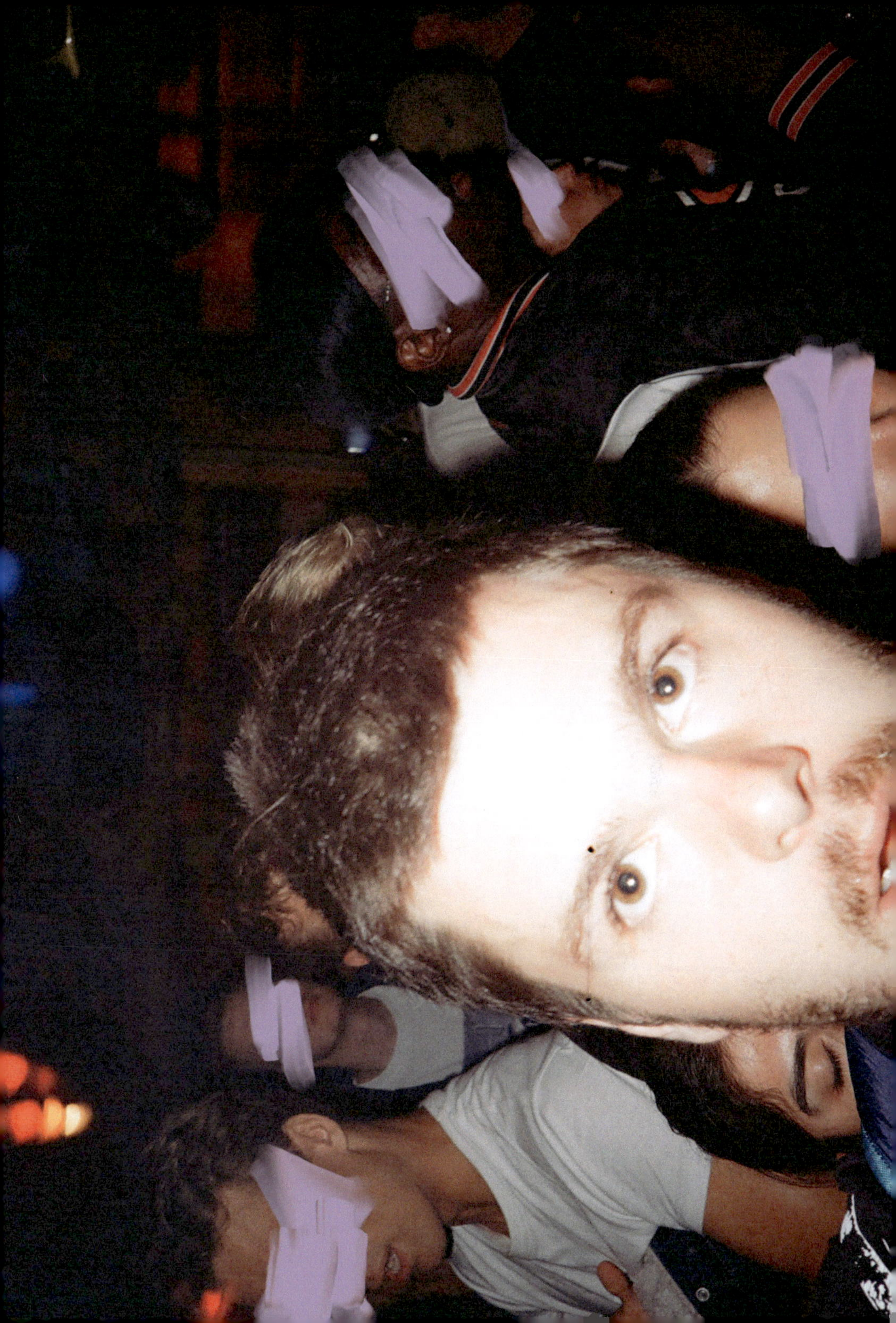

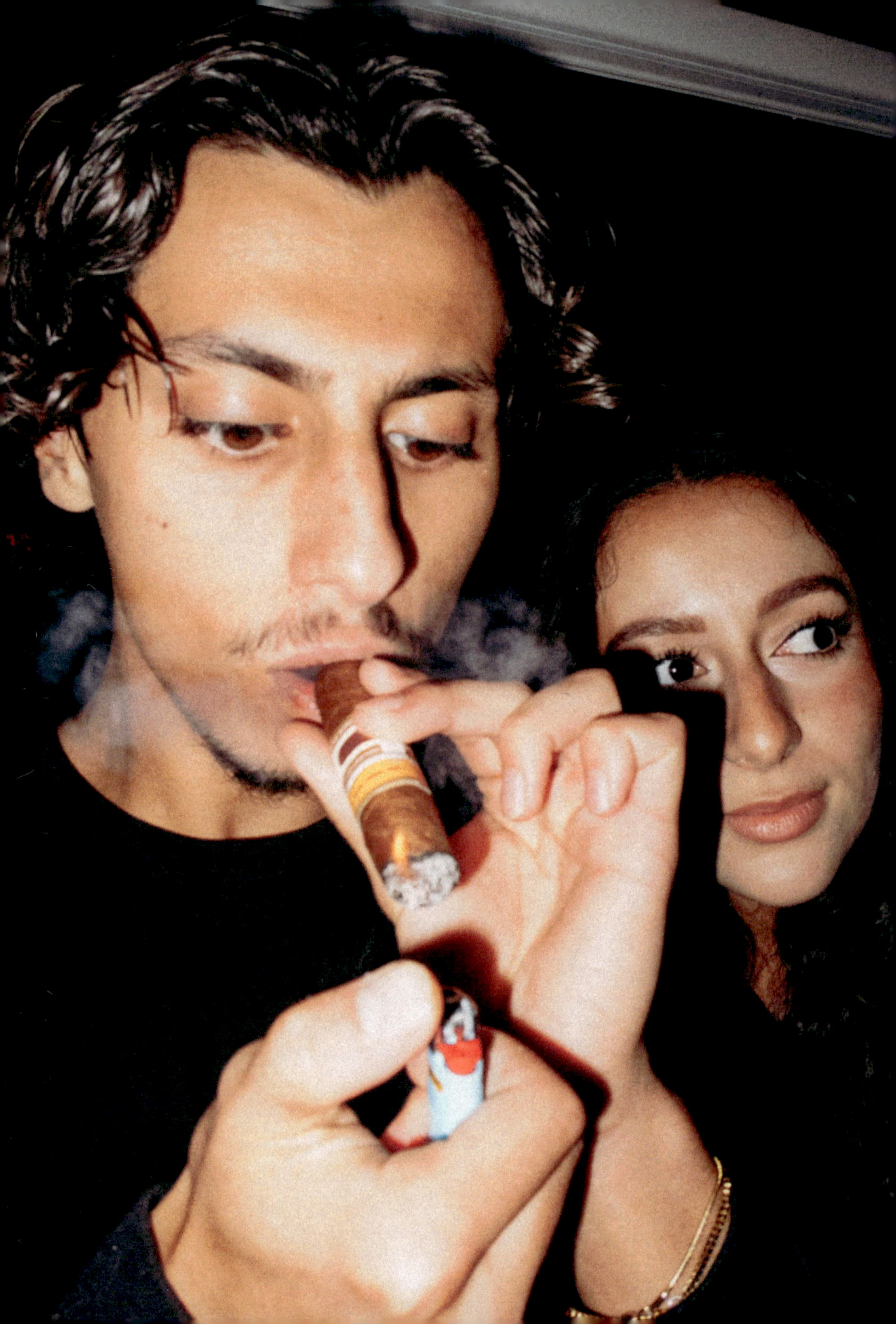

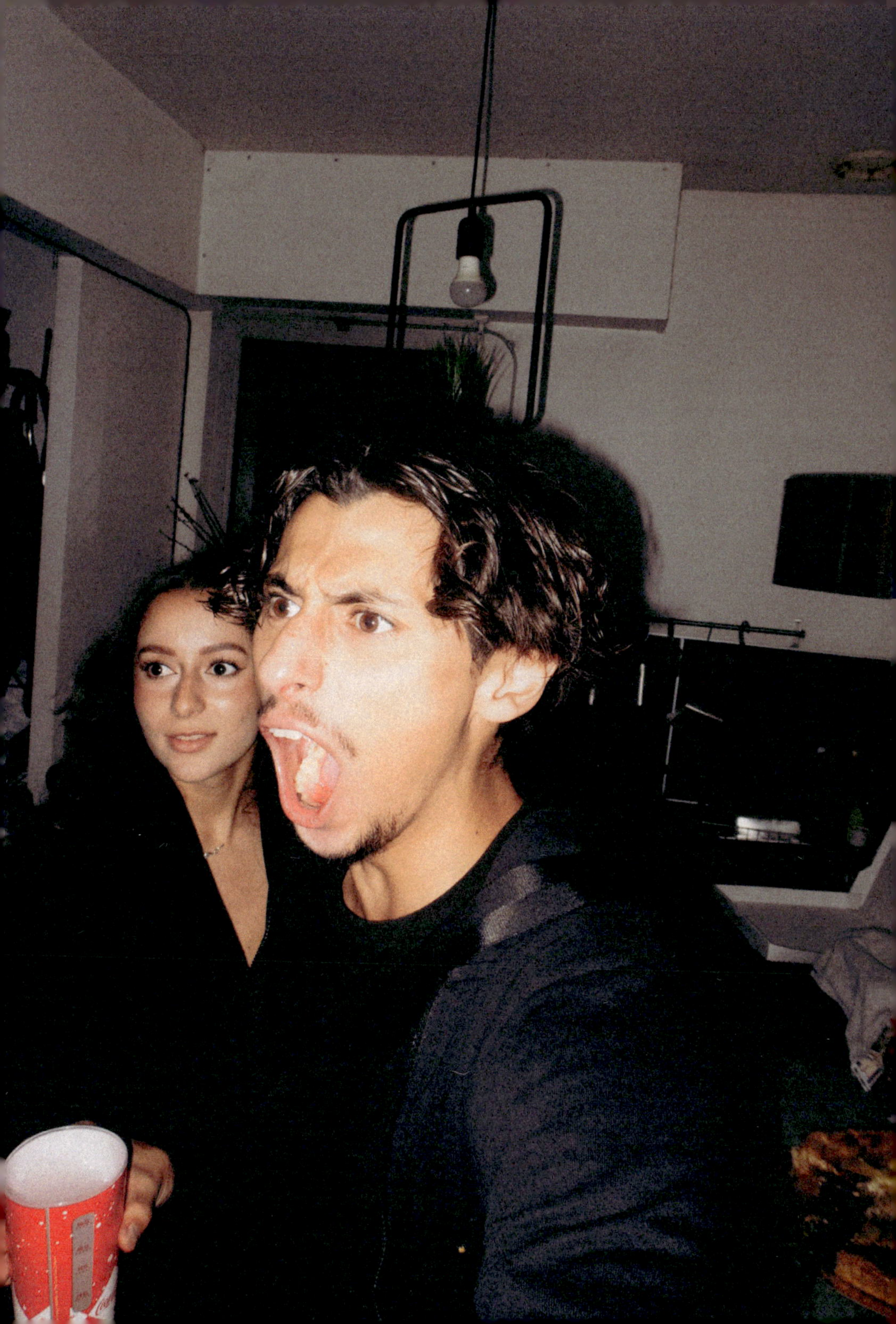

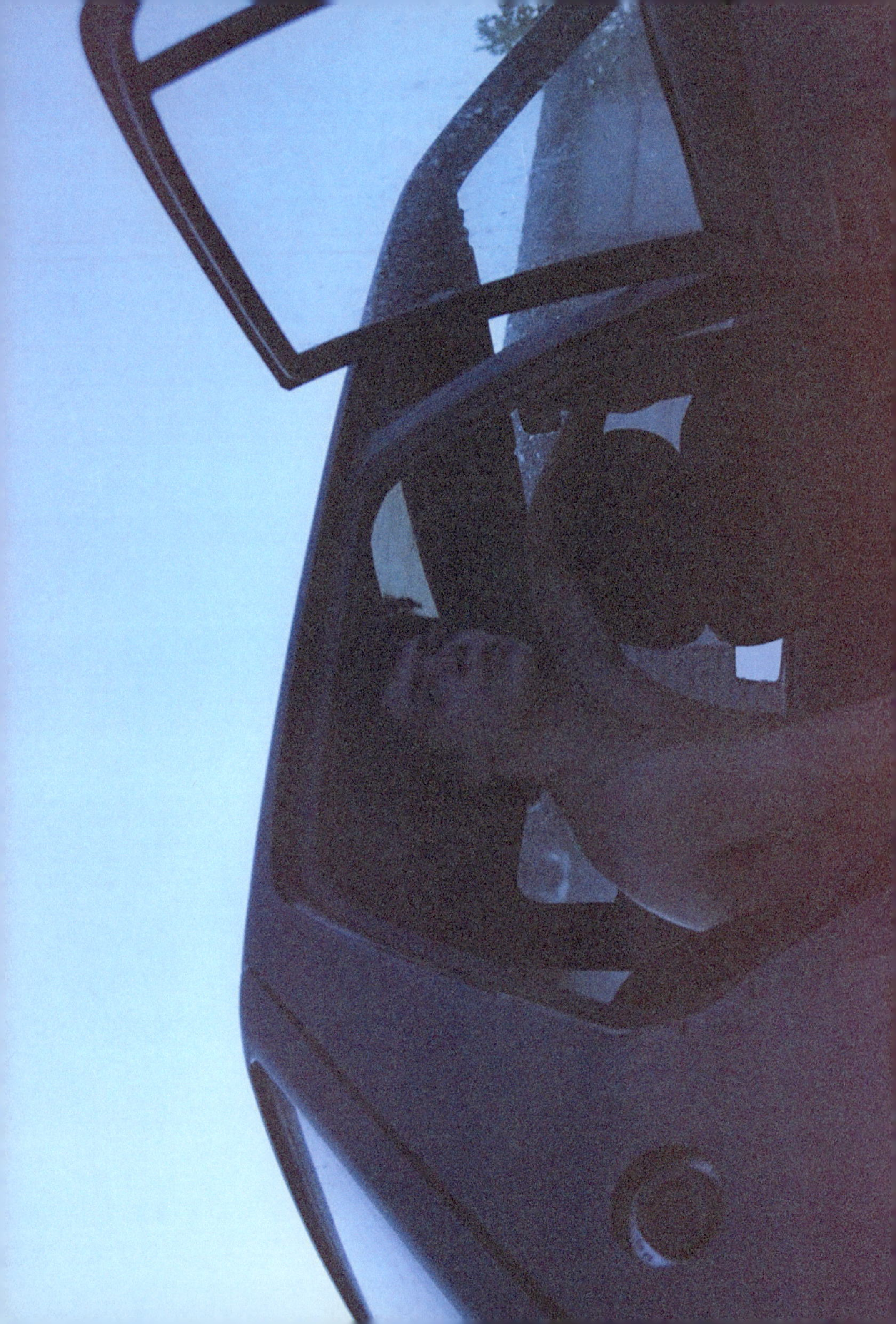

Celle qui libère
les hommes

Alexandra a rêvé. Peu importe qui est Alexandra, à quoi elle ressemble ou d'où elle vient. Ce qui m'intéresse, c'est son rêve. Son rêve et son réveil perplexe.

Héroïne tragique de sa propre histoire, Alexandra cause un génocide planétaire dans un monde où la guerre règne, puis meurt essoufflée de son ultime geste divin. Elle décide de laisser à ses amis la sombre opportunité de refonder un monde plus juste au-dessus d'un enfer en ruines. Et c'est ce qu'ils décident de faire.

Vous et moi savons qu'un rêve ne se finit que très rarement au moment idéal ; souvent écourté par l'alarme d'un réveil, parfois prolongé de manière imprévue sans interruption extérieure. Alexandra aurait aimé se réveiller après son dernier souffle, au milieu des ruines, ses meilleurs amis autour d'elle au lever du soleil, sous une pluie purgatoire. L'idée de faire table rase pour refonder un monde plus juste est tentante. Malheureusement, notre pauvre Alexandra dort encore et son rêve continue.

Avant de découvrir la suite de l'histoire, arrêtons-nous un instant sur notre personnage principal. Pourquoi ce prénom ? L'une de mes camarades de classe s'appelait comme ça, et s'en vantait. Elle aimait expliquer, satisfaite du choix de ses parents, que le nom Alexandra signifiait : « celle qui libère les hommes ». Maintenant que j'y pense, c'est possible que ça soit totalement faux, ou mal interprété. Si ça se trouve, ça veut dire « personne à l'aise en position assise » ou un truc comme ça. Bref, je me suis dit que c'était marrant de reprendre son nom pour incarner l'héroïne de cette nouvelle : Alexandra, celle qui rêvait de sauver l'humanité en la décimant.

Reprenons. Son âme quitte son corps, ses amis se tournent vers le lever de soleil, vers l'avenir, et prennent la décision de fonder un monde nouveau, plus juste. Et ça fonctionne. Le désir de celle qui libère les hommes est comblé : elle observe le monde évoluer, progresser, se reconstruire et vivre en paix. (La nuit est passée, le soleil tape sur les volets de la chambre de la rêveuse, et les degrés remontent. Sous la couette chaude, son corps monte en température et son esprit commence à surchauffer fiévreusement.) Le rêve apaisé n'est pas fini, tourne à l'angoisse et prend une tout autre tournure : Alexandra découvre que le monde en reconstruction voit émerger de nouveaux conflits, puis la guerre.

Et c'est à ce moment-là qu'elle se réveille : « Mais c'est une blague ? Donc j'ai tué tout le monde pour rien ? Je donne l'opportunité à mes potes de reconstruire un monde meilleur et ils la gâchent ? C'est une plaisanterie ! ».

Et si, en fin de compte, l'histoire n'était qu'une plaisanterie ? L'auteur Milan Kundera a déjà posé cette question dans son roman *La plaisanterie*. Je me permets de la reposer dans cette nouvelle que je me casse le cul à essayer de vous raconter. Pour être franc, j'en ai rien à foutre de cette histoire. Laissons Alexandra et penchons-nous sur ce qui nous intéresse vraiment, cette problématique :

Et si l'histoire avec un grand « H » n'était qu'une plaisanterie ?

À cette question s'offusqueront les fans d'Hegel, un philosophe allemand du XIXe siècle, pour qui l'histoire progresse rationnellement vers l'émancipation de l'homme. Ses fans, les hégéliens, affirment que l'humanité progresse de peuple en peuple, que l'histoire a un sens. C'est une manière d'interpréter le cours des choses. Si le rêve d'Alexandra s'était fini à son décès, après avoir tué tout le monde et pensant qu'il n'existerait plus jamais de guerres, nous pourrions dire que notre héroïne tragique est un bon exemple de la pensée hégélienne : elle cause une quasi-extinction de l'humanité pour une paix mondiale, apporte un mal planétaire pour un bien éternel. Elle serait en fin de compte l'antithèse permettant la synthèse. Mais ce n'est pas le cas ; le récit onirique d'Alexandra montre un monde sans progrès. Les histoires comme celle de son rêve proposent une interprétation plus cruelle et ironique de l'Histoire avec un grand « H ». Elles interprètent l'Histoire avec désillusion, comme une mauvaise blague qui n'a pas su satisfaire nos espoirs. Une mauvaise blague parce qu'il n'y a pas de fin à l'Histoire : même après sa dévastation, elle continue son chemin.

Tout ce que je vous dis là tourne autour d'un dilemme : le sérieux ou le ridicule. Doit-on prendre l'histoire au sérieux ou bien avec ironie ?

Le sérieux donne du poids aux événements, aux sujets traités. Si ces choses ont une potentielle pesanteur, alors le sérieux peut être la bonne démarche. Mais bien entendu, il est parfois stérile de prendre au sérieux ce qui ne l'est pas. Prenez-vous trop au sérieux et vous tournerez au ridicule. Prenez l'histoire trop au sérieux, comme un hégélien, comme Alexandra, et vous serez certainement déçu et ridiculisé par une mauvaise plaisanterie.

Le ridicule, quant à lui, fait preuve de légèreté et de distanciation : reconnaître le ridicule d'une situation dans laquelle nous sommes souligne le recul que nous prenons vis-à-vis de celle-ci. Il permet, par la distanciation, de critiquer le sérieux. On reconnaît l'absurdité d'une situation par son ridicule. On s'alerte par exemple depuis un bon moment sur la situation environnementale, mais on continue comme si de rien n'était. Ça en devient ridicule, c'est une (mauvaise) plaisanterie.

« Et si l'Histoire plaisantait ? »[1] : désacraliser l'Histoire avec un grand « H » et reconnaître ce qui ne va pas.

---

[1] Kundera, *La plaisanterie.*

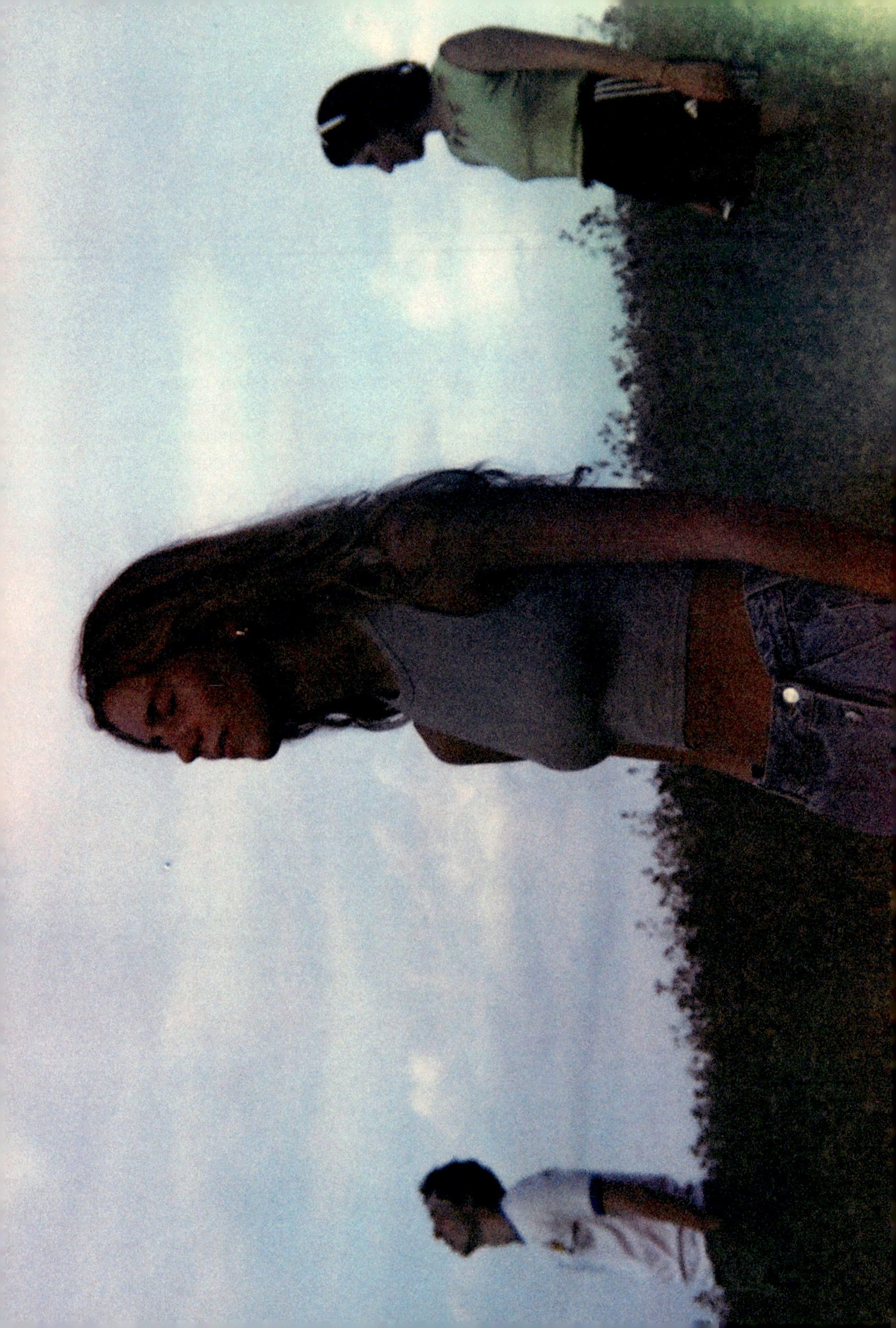

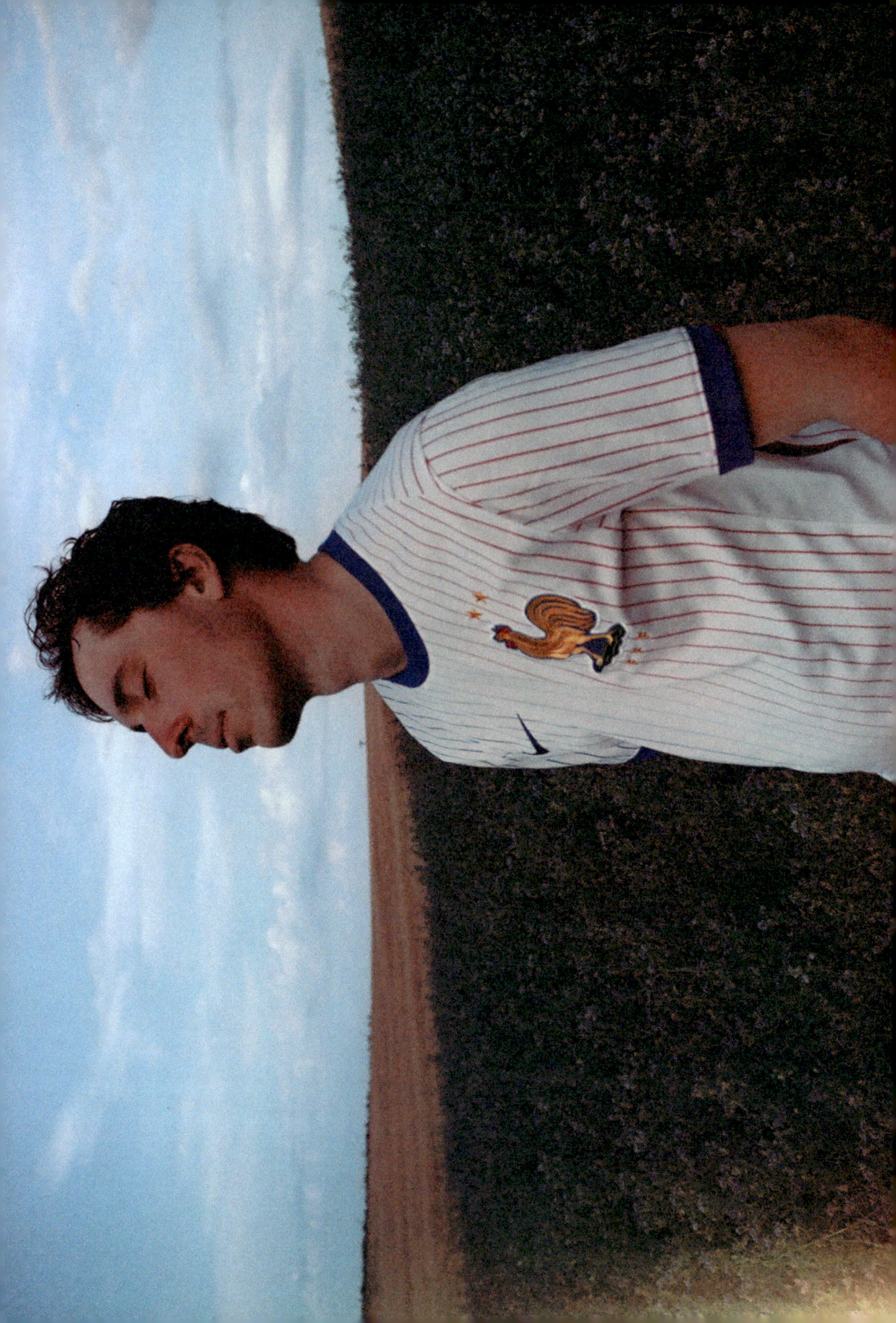

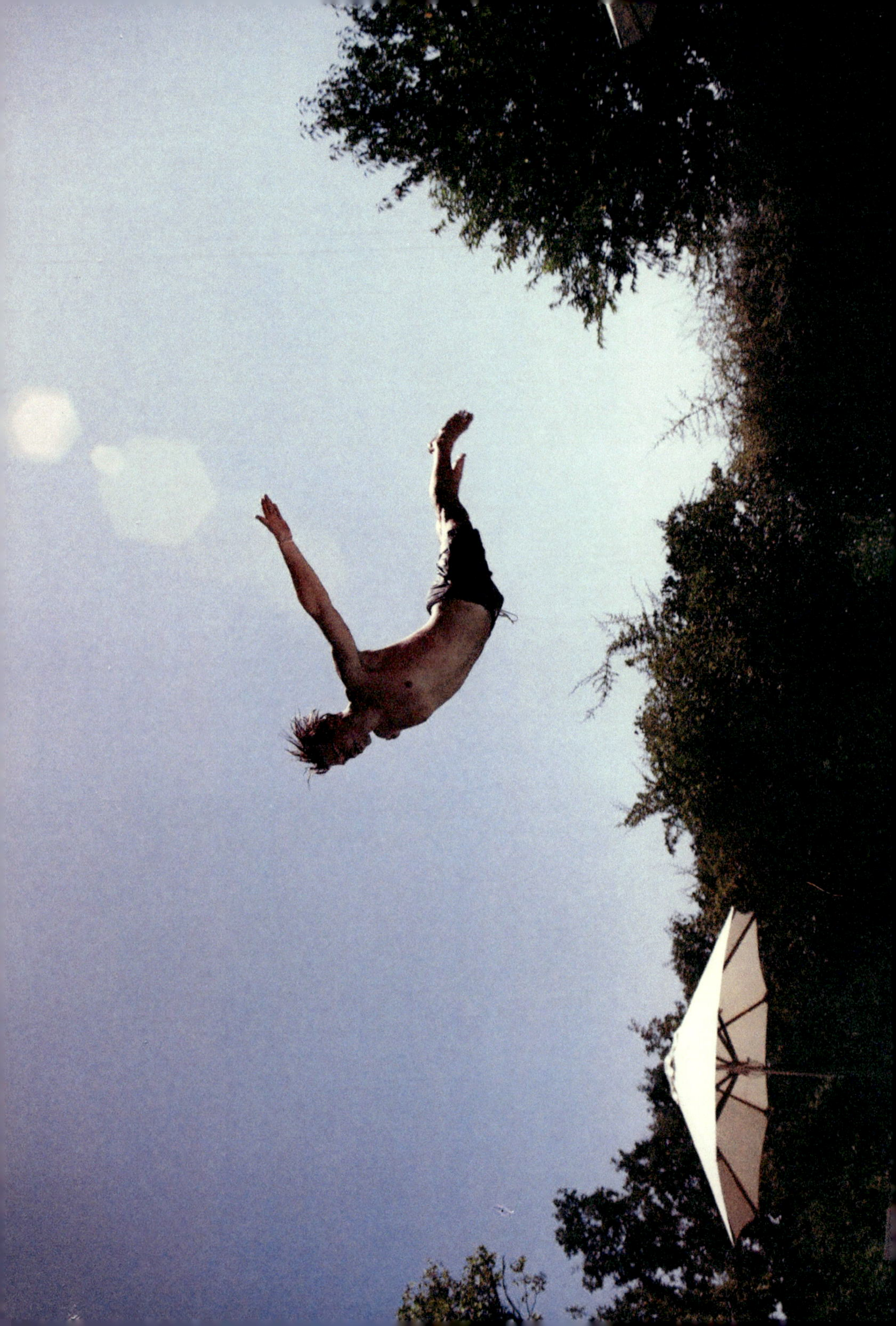

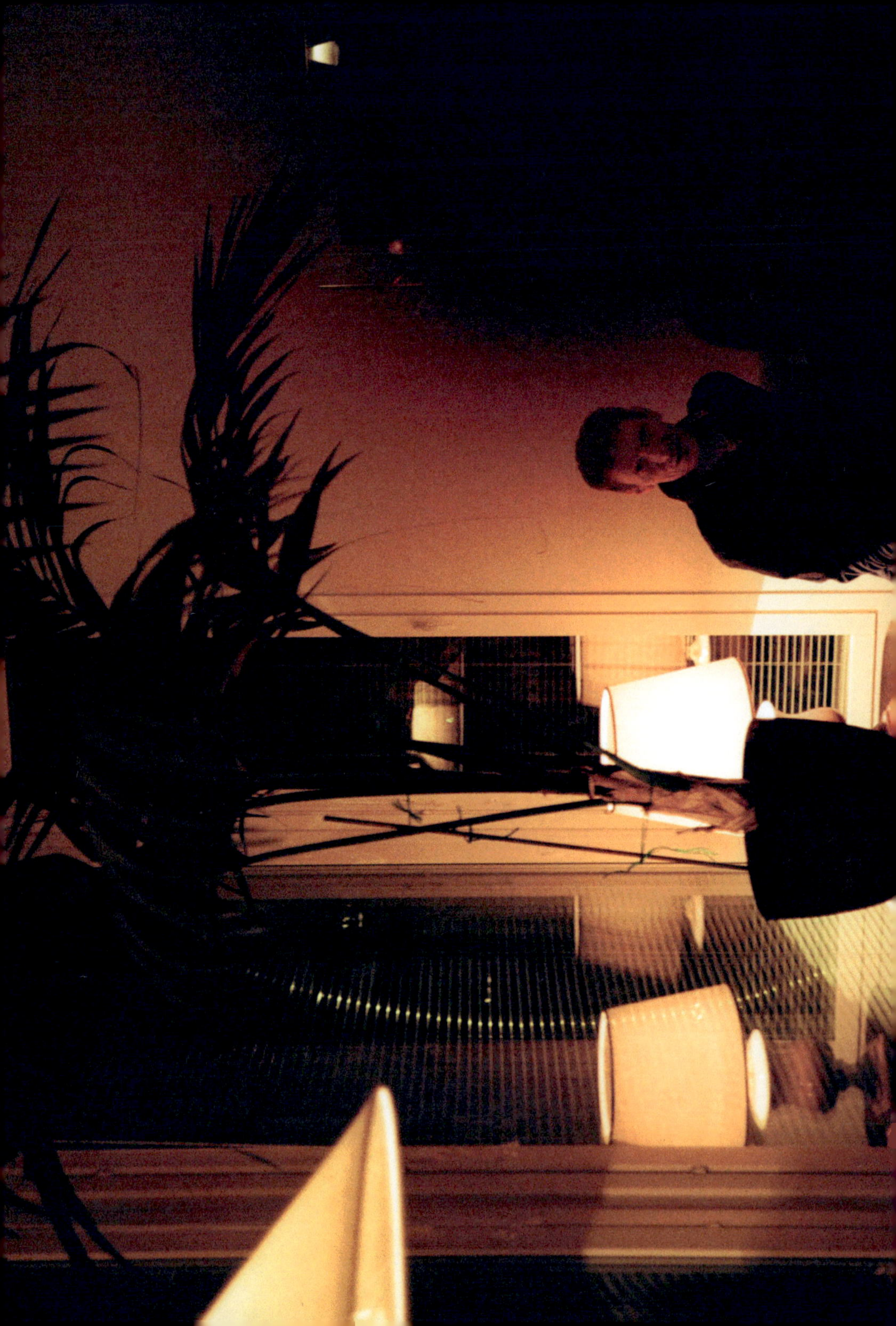

Vive le kitsch

On m'a dit : « Jade, tes nouvelles pour le journal étudiant sont géniales, tu maîtrises le tragique ! Tu devrais écrire un roman qui parle de cendres. »

J'ai rencontré Rodolphe pendant une dégustation de vin, à cette époque il n'était ni photographe ni écrivain et nous étions encore étudiants en fac littéraire. Je crois qu'au début il ne m'aimait pas ; il avait l'air de s'en foutre de moi. Mais nous avions tout de même un point en commun : Milan Kundera, notre auteur favori. Quelques mois plus tard, il est revenu vers moi en me demandant si je pouvais lui écrire un texte sur le kitsch, concept kunderien clé. J'ai dit oui, ravie de savoir que monsieur s'intéresse tout de même un peu à moi.

Alors j'ai repensé à cette idée de roman qui parle de cendres. « Renaître de ses cendres », « les cendres d'une cigarette qui se consume »… Les cendres peuvent symboliser la tragédie, les ruines, la pesanteur. Elles peuvent également imager une légèreté qui s'envole au vent. Le thème est trop facile, il y a dans ce mot un potentiel terriblement lyrique. Tout est déjà écrit, tout simplement parce que c'est un sujet kitsch. Mais le kitsch fait vendre, donc pourquoi pas ?

Imaginons une histoire sublime autour d'une femme qui,

faisant face à un terrible dilemme, ne sait que faire et part en fumée, ou plutôt en cendre. Une femme guidée par un désir honnête, émouvant, comme sauver sa belle-fille atteinte d'un cancer. Mais au désir s'oppose l'obstacle : pour sauver la fille, elle doit mourir et se faire incinérer. Pourquoi ? Aucune idée, je dois vous avouer que je n'y ai pas encore réfléchi. D'autant plus que ce détail narratif est absurde ; pour quelle raison notre héroïne devrait-elle se faire incinérer pour sauver sa belle fille de son cancer ? Jusque-là, mon ébauche fictive est incohérente, je vous l'accorde, mais je fonctionne ainsi : je suis mon « feeling » et ensuite je justifie l'absurde par des explications cohérentes. Certains me diront, à l'instar de Rodolphe, que trouver des explications pour justifier l'absurdité d'une œuvre ne la rendra pas plus réaliste, mais ces idiots n'ont toujours pas compris que c'est ce que nous faisons dans la vie de tous les jours : la vie est absurde et nous la revêtons d'un drap de sens purement subjectif. Et puis, pour en revenir à mon ébauche fictive incohérente, ce que l'on aime dans une histoire kitsch ce n'est pas vraiment son réalisme, mais plutôt l'émotion qu'elle nous procure.

Cette émotion dont je vous parle, que l'on ressent en découvrant un récit absurde comme le mien, ce n'est pas le fond, mais la forme qui la stimule. L'émotion est procurée non pas par le message, puisque ce dernier est incohérent, mais plutôt par la superficialité, par son esthétique. Le kitsch, c'est mettre en sourdine le réel pour privilégier le beau, c'est négliger la cohérence d'une histoire pour réunir des éléments purement esthétiques. Le but est d'émouvoir par la forme, par le beau superficiel, par le cliché poli comme du verre. Kundera l'a dit, le kitsch c'est « la négation absolue de la merde »[1]. Les lecteurices à la recherche de ce sentiment, l'auteur tchèque les qualifie d'« homme-kitsch ». Je préfère les appeler « bandeurs de kitsch », histoire de moins sacraliser le concept, de le réactualiser et surtout parce que le kitsch revient à de la masturbation intellectuelle.

Bref, les bandeurs de kitsch aiment les histoires de merde où l'on ne parle pas de merde, mais plutôt de cendre. La cendre c'est beau, c'est émouvant. La merde l'est beaucoup moins. Vive le kitsch.

---

1   Kundera, *L'insoutenable légèreté de l'être.*

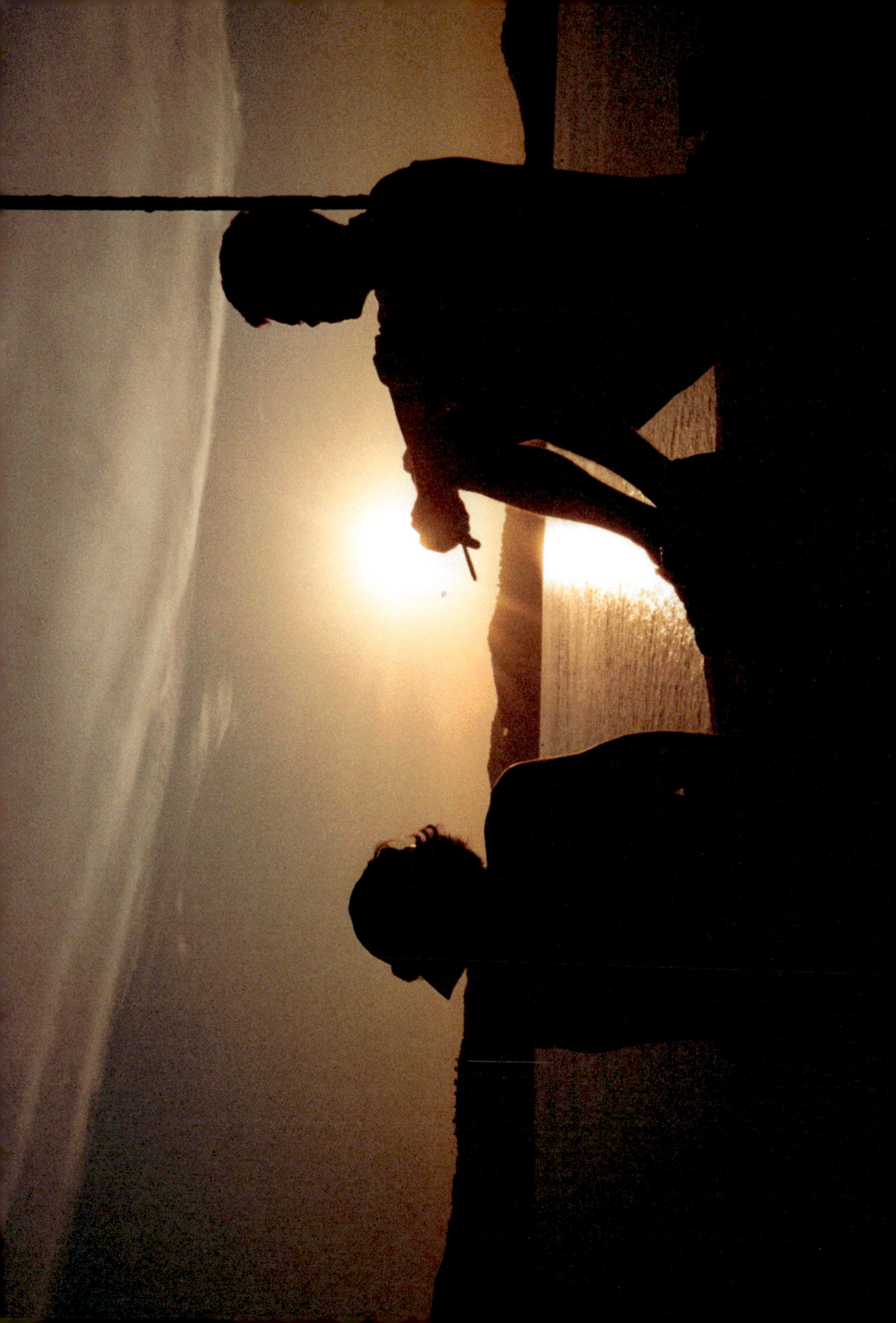

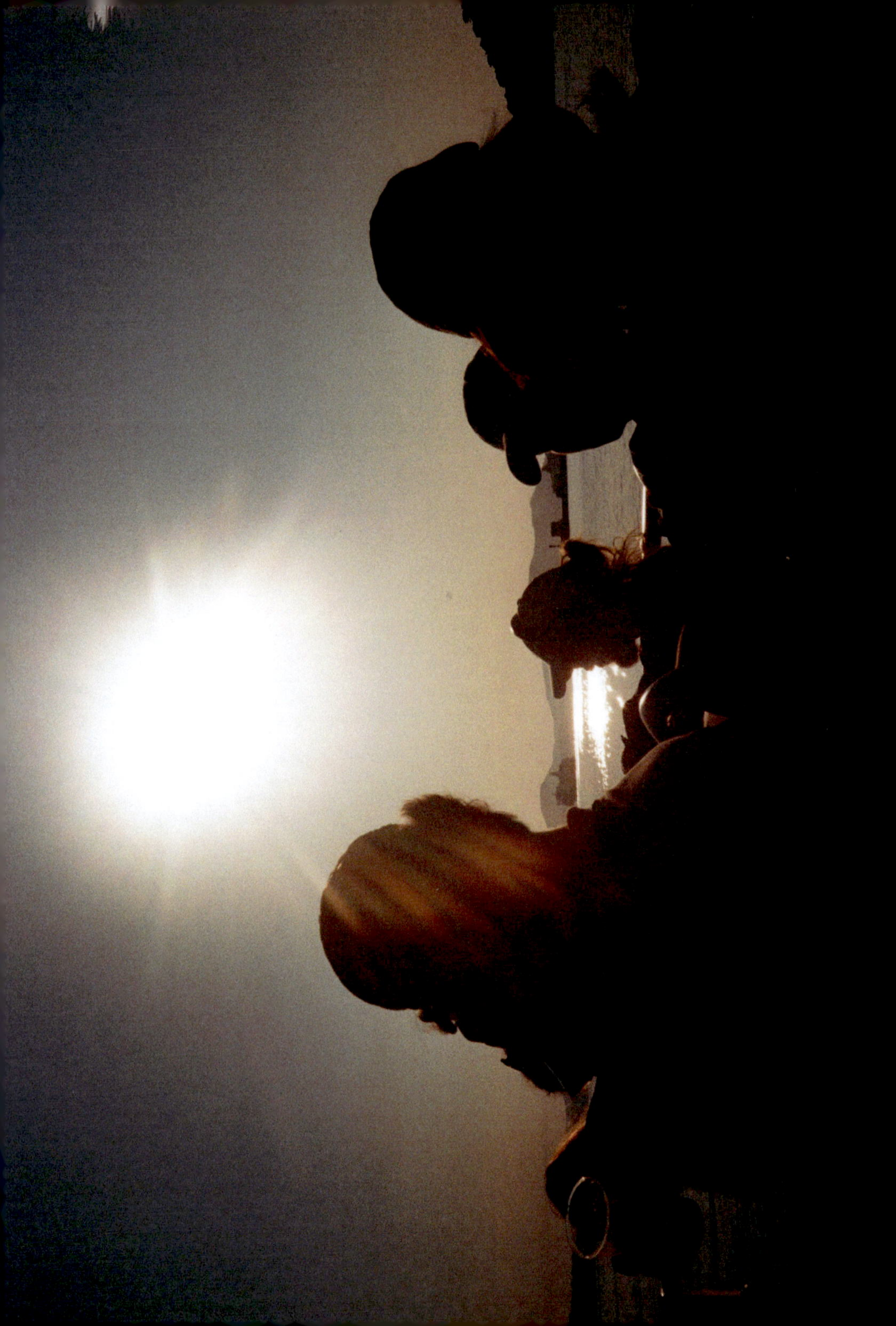

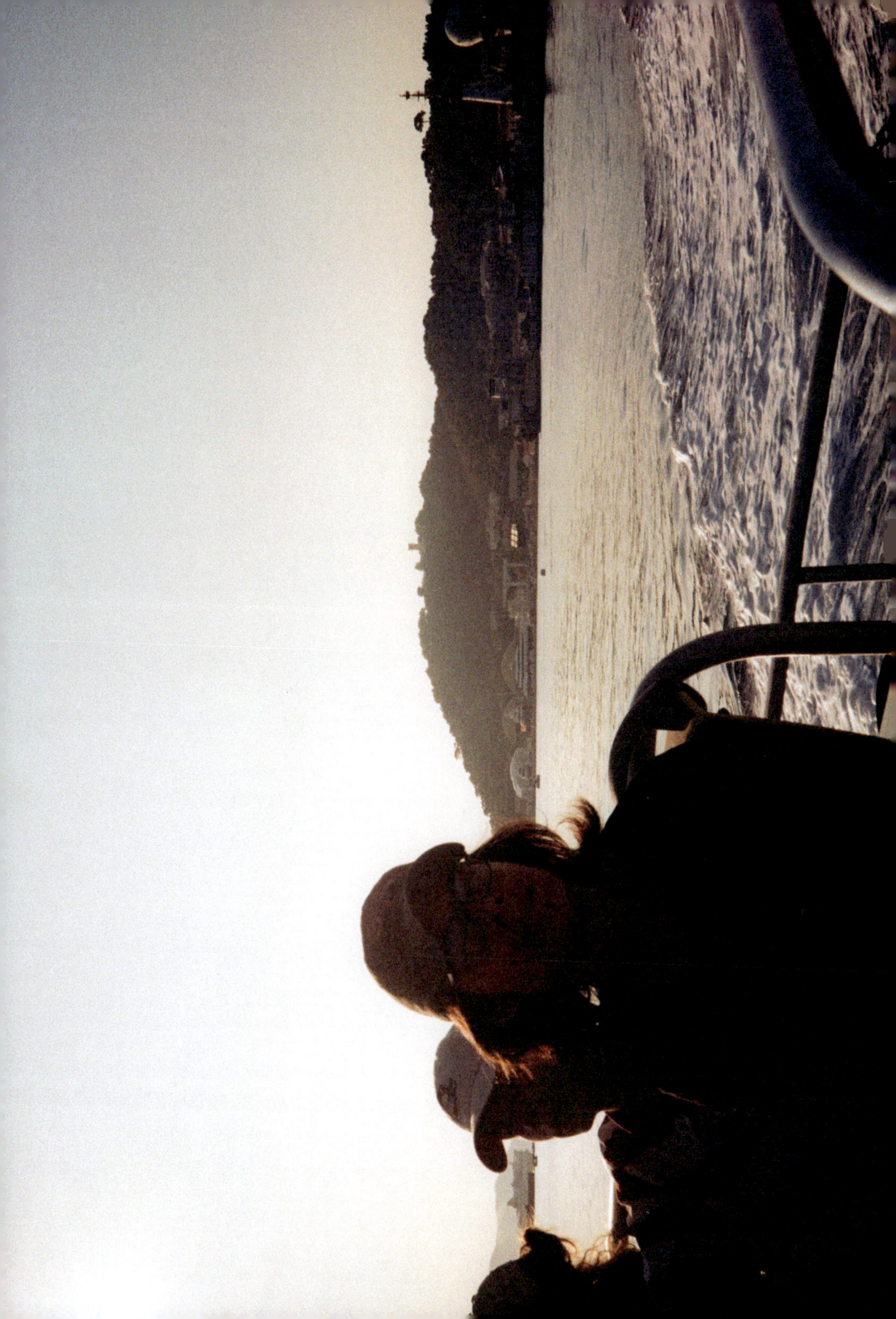

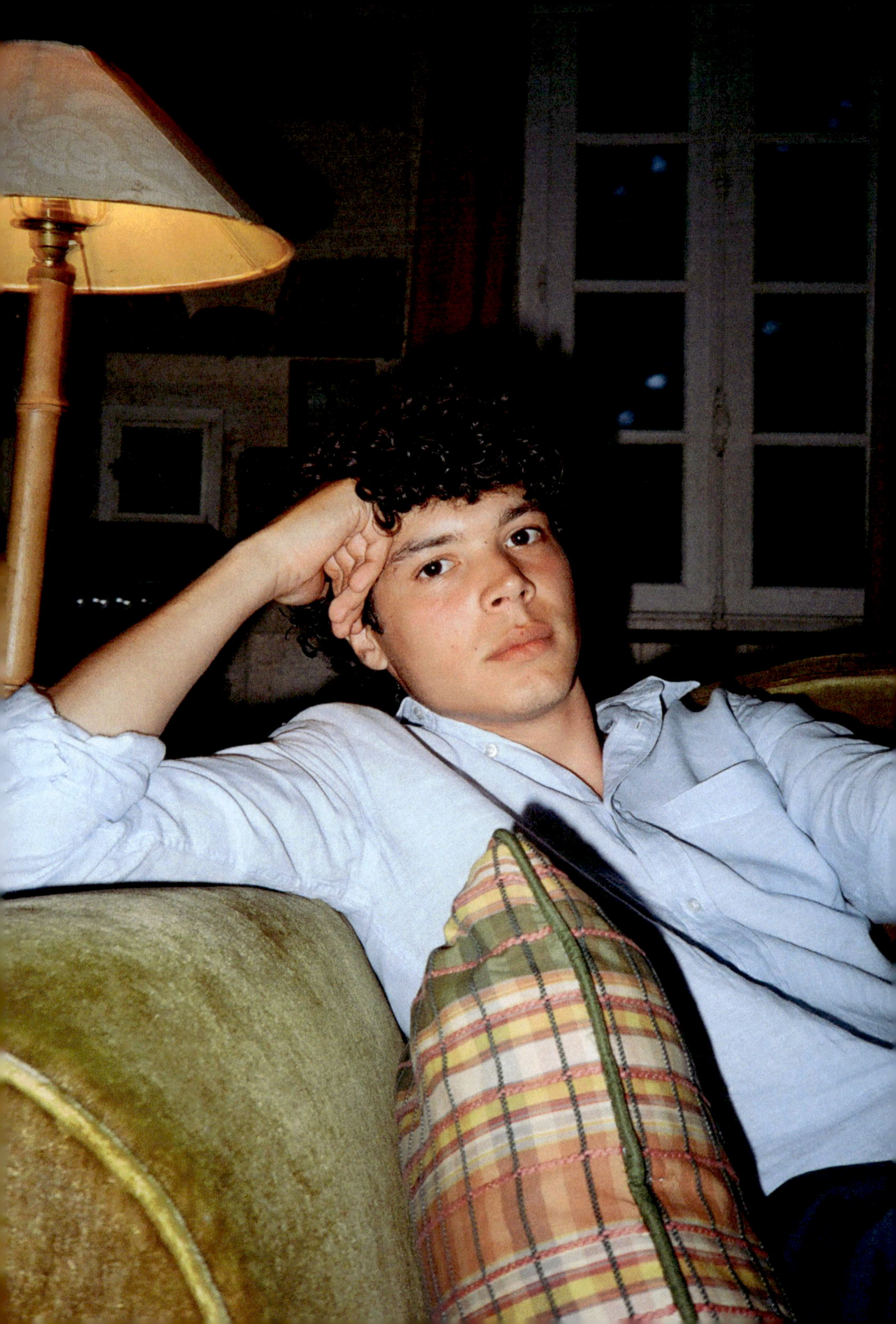

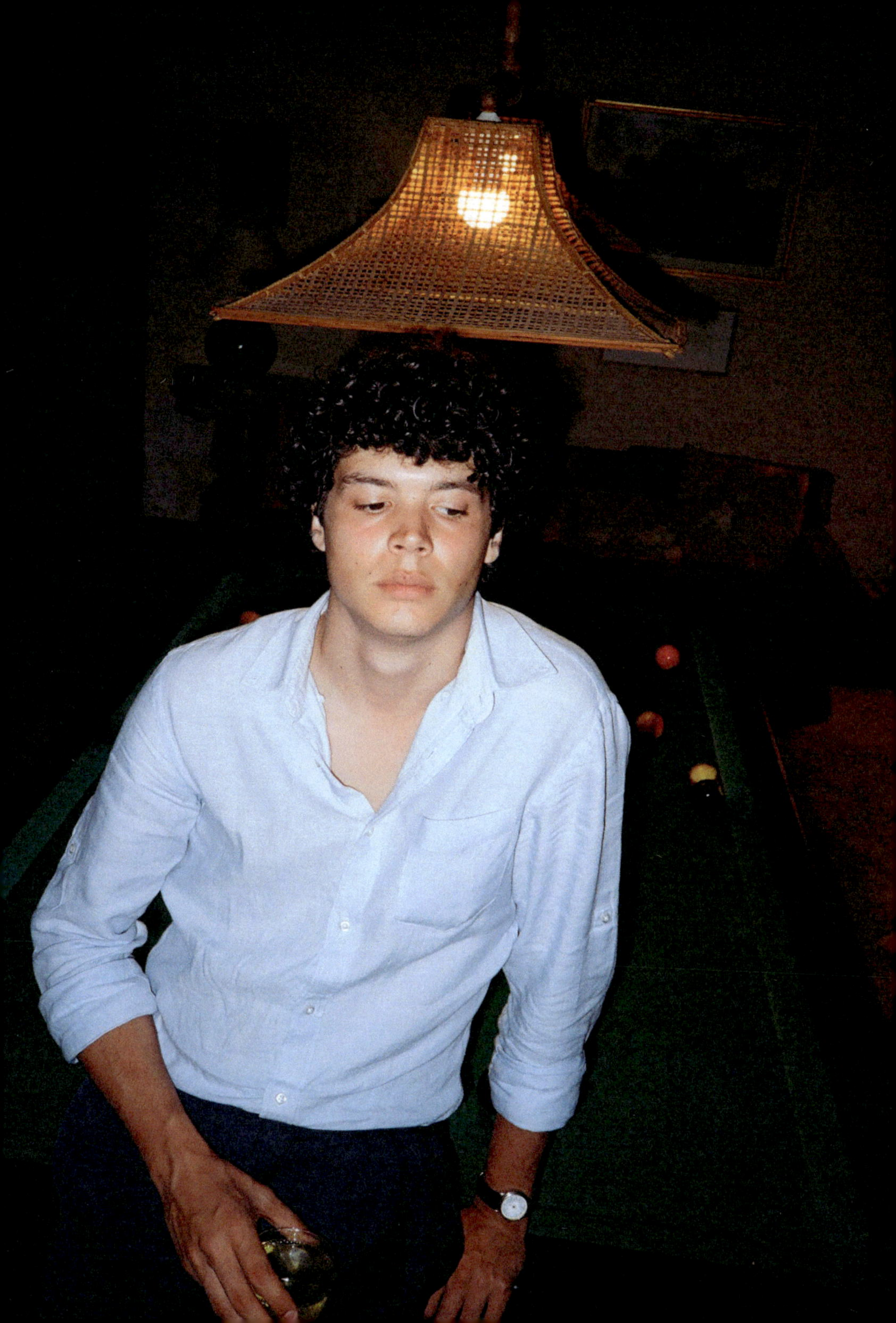

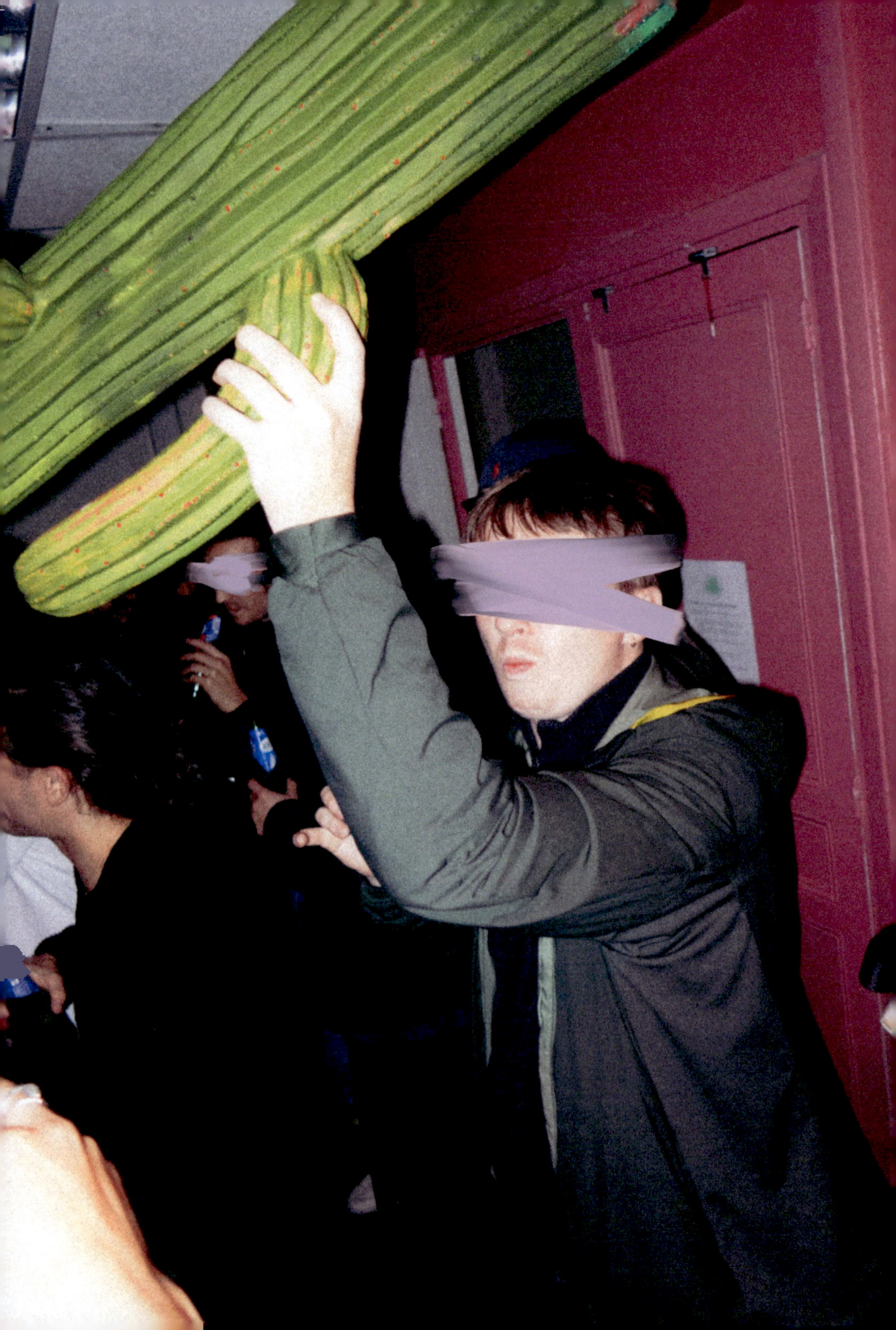

Le devoir
du croustillant

À la base, je voulais appeler ce recueil « Le devoir du croustillant ». En fait, il n'était même pas question de recueil, j'avais pour idée d'écrire tout un roman autour de ce concept. Et j'avais déjà noté quelques idées d'histoires dans mon carnet. Mon but était de vous expliquer ce que le concept représente, comment il émerge, sa problématique et comment lutter contre.

Et puis je me suis dit : « Plutôt que de raconter une histoire fictive, je vais vivre une aventure et l'utiliser pour illustrer directement ce qu'est "le devoir du croustillant". Je vais faire Paris — Agen en stop. » Il se trouve que je l'ai fait ; 2 jours sur la route à vagabonder de voiture en voiture, d'inconnu en inconnu pour arriver à destination… Mais jusque-là, je n'ai rien écrit à propos de ce voyage parce que je n'avais rien de croustillant à raconter. Mis à part une ou deux anecdotes, rien de fou.

Alors l'option du recueil s'est révélée être idéale : j'y joins des textes tous différents les uns des autres autour d'un thème, le ridicule et le sérieux, en les entrecoupant de photos que j'ai prises ces dernières années. J'ai toujours eu du mal à beaucoup écrire, à approfondir, et ce recueil en est la preuve. Il n'est qu'à moitié écrit, qu'à moitié complet, qu'à moitié sérieux : c'est du 50 % bullshit. Et, pardonnez mon manque d'humilité, c'est ce qui le rend croustillant, parce que le croustillant, c'est un aliment composé de 50 % de garniture rigide, concrète, et 50 % d'air, de rien. Sans cette moitié de rien, l'aliment est immangeable et la sensation du croustillant absente. Pour obtenir du croustillant, il ne faut pas hésiter à mixer garniture et bullshit.

Une histoire est croustillante si la narration est travaillée. Or une bonne narration, un bon storytelling, nécessite de manipuler un certain pourcentage de vide, de bullshit vendeur. Ce n'est pas le narrateur qui s'impose le devoir du croustillant, la contrainte du 50 % bullshit, c'est son public. Racontez une anecdote à votre entourage et vous verrez dans leur regard le devoir du croustillant, l'espérance d'une histoire amusante et surprenante. Quand j'ai partagé mon exploit de Paris – Agen en stop avec mes amis, j'ai retrouvé cette sensation du devoir du croustillant : « Et alors ? T'es tombé sur des gens bizarres ? C'était dur ? » Le truc, c'est que les deux jours de stop se sont super bien passés, j'ai rencontré des gens normaux, les discussions étaient toutes similaires, rien d'extravagant, rien de croustillant. Alors il me fallait manier l'art du bullshit pour tourner mon expérience en une réelle aventure marquante et enrichissante.

« 50 % de la vie, c'est du bullshit. »

Les gens attendent de nous du croustillant, et c'est en leur donnant ce 50 % garniture 50 % bullshit que l'on peut obtenir quelque chose de leur part, que l'on peut s'imposer. Manier ce beau mélange de concret et de rien, cela demande de l'insolence. Voilà pourquoi cette philosophie de vie demande une attitude désinvolte.

« Rien à foutre »

Mon recueil, c'est pour les bandeurs et bandeuses de bullshit, de kitsch. Mon recueil, c'est pour Jade. Elle, vous et moi sommes pareils : nous aurions aimé que de ce voyage en stop ressorte une belle leçon de vie. Alors je vais tout de même essayer d'en écrire une nouvelle, mais pour être franc, il m'arrive d'oublier que j'ai fait ce voyage, il n'y a rien de vraiment pertinent à en tirer.

Et pour conclure cette réflexion à propos du croustillant et du bullshit, voici ce qu'un ami m'a dit au sujet de mon aventure en stop :

« Quand j'ai dit à ma mère que t'avais fait Paris-Agen en stop, alors que t'avais les thunes pour y aller en train, elle m'a répondu que t'es vraiment un bobo parisien. »

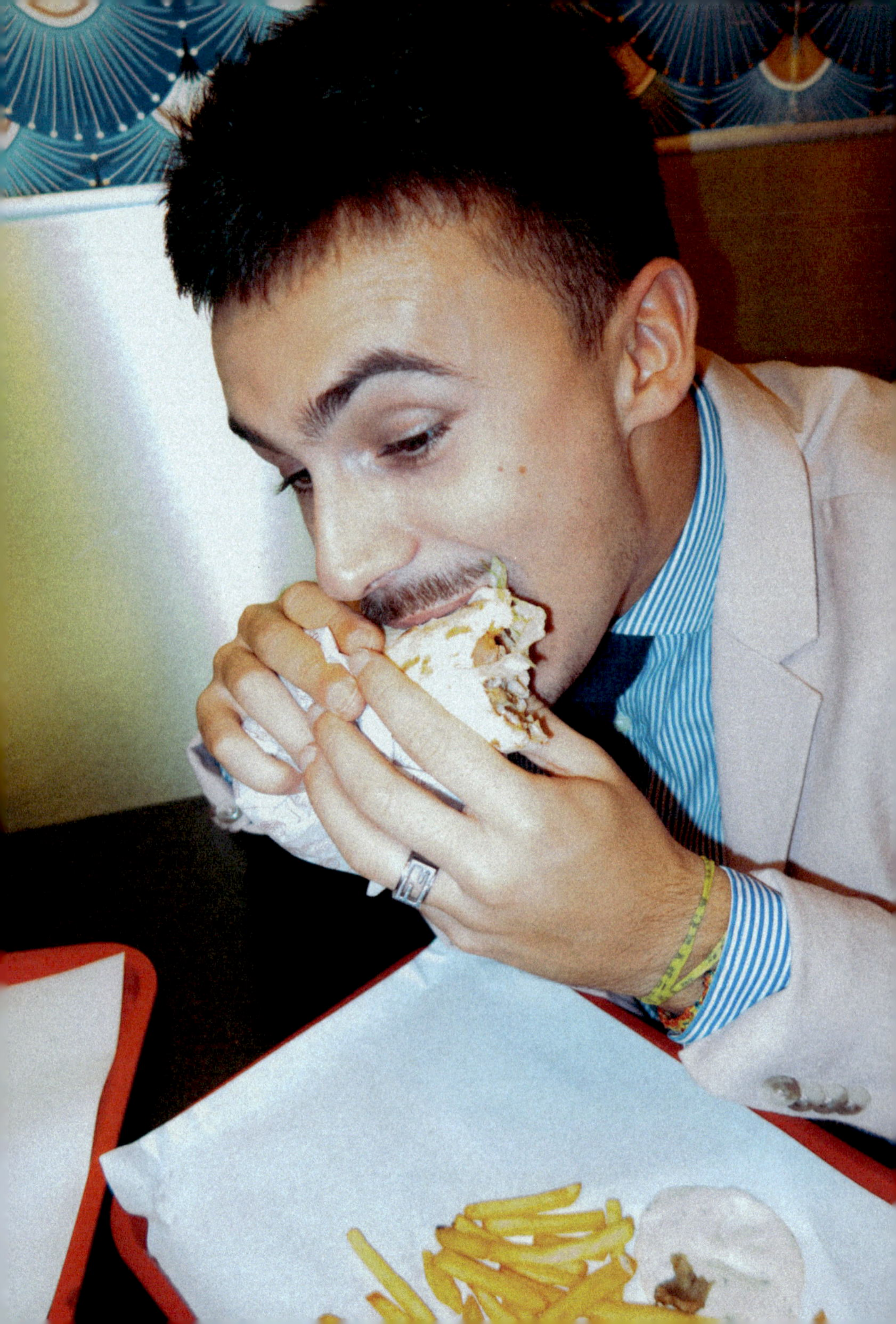

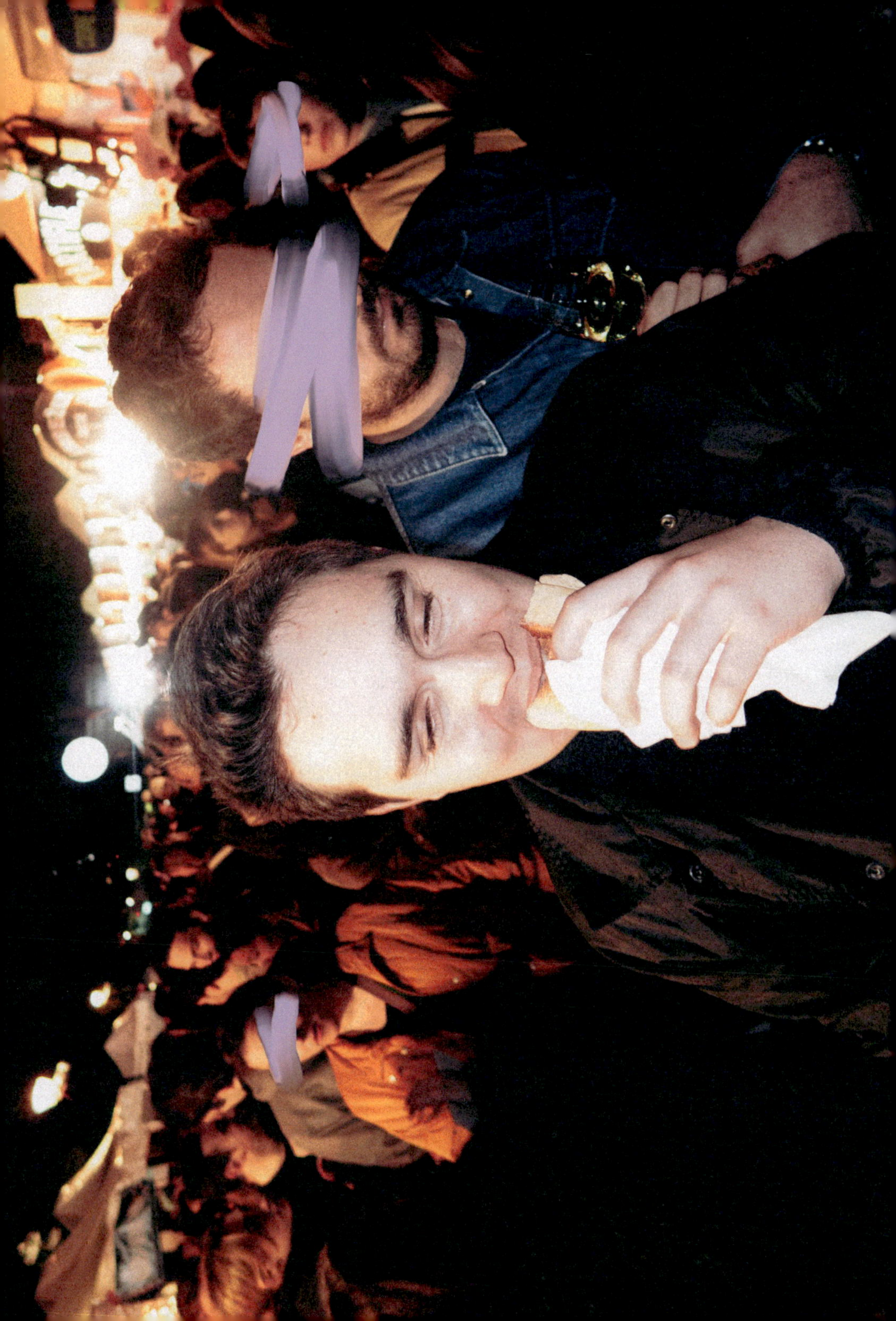

Paris — Sancerre

Le plus dur, c'était de partir de Paris. Mais objectivement, il ne m'a fallu qu'une demi-heure d'attente pour trouver une voiture qui pouvait m'emmener sur l'autoroute et ainsi commencer mon trajet jusqu'à Agen. En tout, je suis monté dans neuf voitures, il me semble, avec quinze minutes d'attente à peu près à chaque fois. Donc franchement, pour un jeune homme de 23 ans, blanc, privilégié, ce n'était pas un défi très dur. C'est là qu'on voit la différence avec des filles qui font du stop, elles attendent moins, mais tombent plus fréquemment sur des gars chelous (je me permets de faire une généralité à partir des quelques témoignages de mes amies).

Sancerre, c'était la première étape de mon voyage en stop jusqu'à Agen que je m'étais fixée. Voici mon journal de bord tout au long de cette première journée :

Yann (32 ans) : point de départ, ma fuite de Paris. Il était sain, il aimait l'escalade, s'essayer au surf, voyager à vélo, les vacances en tente...

Comme vous l'aurez compris, Yann n'est pas le personnage principal de cette courte nouvelle. Il n'avait rien de croustillant, mais ça n'empêche pas que je lui souhaite une vie heureuse et je le remercie de m'avoir pris en stop. Reprenons.

Moha (la quarantaine ?) : bizarre, des avis tranchés, sympa, bullshit (anecdote de la fois où il prend un crackhead en stop et où il risque de se faire agresser, donc coup de coude dans la tête du crackhead en même temps qu'il conduit...). Me parle de l'importance d'être là pour ses parents, de leur être reconnaissant... puis me dépose sur une aire d'autoroute, me donne une feuille A4 et un stylo pour écrire la destination suivante : Sancerre.

Rétrospectivement, je me dis que Moha savait manier l'art du bullshit, du kitsch. Peut-être en abusait-il un peu trop, ce qui le rendait de mon point de vue un peu ridicule. Mais au moins, je ne me suis pas ennuyé pendant ce trajet à ses côtés, merci à lui.

Gabin (fin de vingtaine ?) : moins bavard que les deux premiers, mais terriblement humain ; le feeling passe tout seul. Me dit qu'il rentre chez ses parents pour aider sa mère malade (je lui dis que le précédent m'a justement parlé de l'importance d'être là pour ses parents — je ne lui dis pas qu'il a récemment perdu sa mère, je garde le détail pour moi histoire de pas plomber l'ambiance). Je dis à Gabin que je vais chercher un endroit où dormir dans la ville de Sancerre — qui se trouve être sa ville voisine — il me propose de me prêter sa tente et de dormir dans son jardin. Je lui propose de me déposer à Sancerre pour visiter le village (élu plus beau de France en 2022) et je lui dis que j'aviserai ensuite pour la nuit. Une fois la visite terminée, je le rejoins chez lui à pied. J'avais atrocement mal au ventre (stress de la journée ?). Son père et son frère m'accueillent, adorables. Ils ont une piscine dans leur jardin, on s'y baigne tranquillement. Je demande au père s'il retape des bateaux (il y avait quelques carcasses de bateau à moteur autour de la maison, c'était curieux comme endroit), il me répond qu'il est dépanneur.

Contrairement à Moha, Gabin était dans le sérieux, dans l'humain. Il était dans la vraie vie, il contrastait avec le bullshit de Moha. Le premier me dit une phrase kitsch : « Prends soin de tes parents, c'est important », le second m'avoue qu'il prend soin de sa mère malade, il se situe dans le faire et non dans le dire. Moha sonnait faux, à l'instar de son anecdote avec le crackhead, j'avais l'impression qu'il me partageait des réflexions qui n'étaient pas les siennes, des réflexions préconçues que l'on entend dans les films hollywoodiens, celles qui sonnent kitsch. J'avais l'impression qu'il s'inventait un personnage, mais il n'était pas crédible. Il me paraissait pour cette raison ridicule. Gabin me touchait par sa simplicité et son humanité raisonnablement sérieuse ; il était lui, il était crédible, concret. Et c'est curieux comme les deux personnages se retrouvent liés par le sujet de « prendre soin de ses parents ». Le premier a récemment perdu sa mère, le second prend la voiture pour retrouver la sienne malade. C'est curieux parce que j'aurais tendance à opposer le ridicule et le sérieux, et donc à opposer ces deux personnages. Mais il semblerait qu'ils soient liés, comme si le ridicule et le sérieux étaient inséparables, comme s'ils étaient les deux faces d'une même pièce.

Ils peuvent paraître opposés, mais ne le sont pas, la relation entre ces deux concepts est ambiguë. Lequel est le bon choix ? Le ridicule ou le sérieux ? Difficile à dire. J'ai peut-être ma préférence pour Gabin, le raisonnable sérieux. Mais le ridicule ne tue pas, et il permet d'enrichir son esprit critique en prenant du recul sur une situation, en se distanciant du sérieux. Peut-être ne faut-il pas choisir entre les deux. Peut-être faut-il accepter la relation ambiguë qu'il y a entre les deux.

L'existence de manière générale est ambiguë. Elle est paradoxale, c'est ce qui la rend si précieuse, aussi difficilement cernable, délicieuse et cruelle à la fois. D'après Simone de Beauvoir : « Dire que l'existence est ambiguë, c'est poser que le sens n'en est jamais fixé, qu'il doit sans cesse se conquérir »[1]. Il n'y a pas d'ultime sens à la relation entre le sérieux et le ridicule, il n'y a pas de vérité finale, de synthèse. Cette phrase de Beauvoir, je la trouve parfaitement juste : chercher un sens à la vie, c'est comme courir un marathon sans fin. On aimerait courir ce marathon et arriver à une fin, trouver une réponse conclusive à nos questionnements existentiels, au dilemme du ridicule et du sérieux, mais il n'y en a pas. Le marathon du sens existentiel est une course qui dure toute la vie. On ne s'arrête pas de courir, notre cœur ne s'arrête pas de battre.

---

[1]   Simone de Beauvoir, *Pour une morale de l'ambiguïté.*

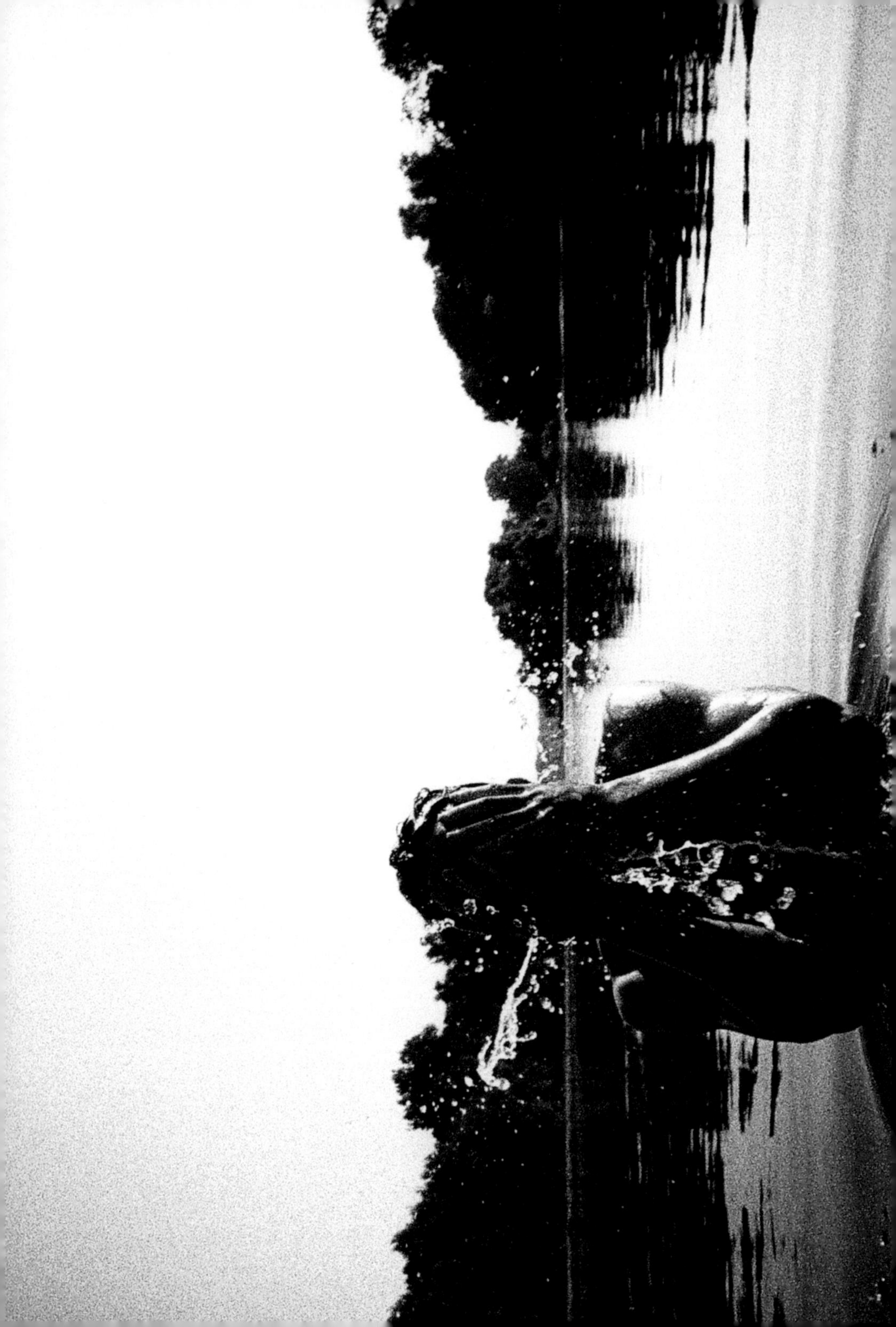

Le muscle qui
ne se repose pas

Parfois, j'aimerais pouvoir étirer mon cœur.

C'est tellement bon de sentir chaque muscle de son corps se reposer, s'étirer. Au lycée, mes amis en rigolaient lorsqu'ils me voyaient avachi sur ma table, les bras qui se tiraient mutuellement dans tous les sens, la nuque qui se courbait et le cou qui se dévoilait, les épaules à deux doigts de se disloquer par excès de plaisir… Je me souviens avoir dit à mes amis que je ne faisais qu'écouter mon corps et ses désirs pour le soulager. Convaincus par mon argument sorti de nulle part, ils se sont mis à reproduire mes contorsions improvisées comme de jeunes enfants innocents.

Après le bac, j'ai étudié la philosophie à l'université. J'avais de nouveaux camarades de classe avec qui j'entretenais sans cesse des discussions philosophiques en sortant des cours. J'adorais ces moments de réflexion passés avec eux, nous n'avions aucune gêne à partager nos pensées.

Pendant ces trois années d'études supérieures, je n'avais pas changé mes habitudes musculairement parlant, mais cette fois-ci, sans mes amis de lycée, sans mon public — mes nouveaux camarades de classe étant plus attentifs aux enseignements qu'à mes étirements. Le silence d'un public absent avait redirigé mon attention sur le seul muscle que je n'ai jamais étiré : mon cœur. Ses battements ne s'arrêtent jamais, c'est une usine.

M'est venue alors cette réflexion : j'aimerais pouvoir stopper les battements de mon cœur quelques jours pour qu'il puisse lui aussi se reposer, pouvoir le mettre en veille comme une télévision. Quelques étirements ne lui feraient certainement pas de mal, il travaille sans arrêt comme un fou, il donne tout. Si seulement il nous était possible, de temps à autre, d'appuyer sur pause et de couper cette continuité afin de reposer tout notre être. Cette éventualité m'apparaissait comme reposante, comme une délivrance de l'effort. Vivre m'est permis grâce aux efforts constants de mon cœur.

Lorsque j'en ai parlé à mes camarades de classe, entre deux cours de philosophie, ils ont appréhendé ma confession comme une pensée légèrement suicidaire. Je dois vous avouer que je n'y avais jamais pensé, et encore aujourd'hui je pense que ça n'a jamais été lié à un quelconque désir suicidaire. Je voulais simplement, innocemment, autoriser mon cœur à se reposer quelque temps. Puis l'un de mes camarades m'a répondu cette phrase terriblement kitsch, mais qui a complètement renversé mon point de vue sur l'effort cardiaque :

« Si ton cœur bat sans arrêt, c'est parce que c'est sa raison de vivre. Il n'a pas d'autres raisons d'exister que celle de battre. »

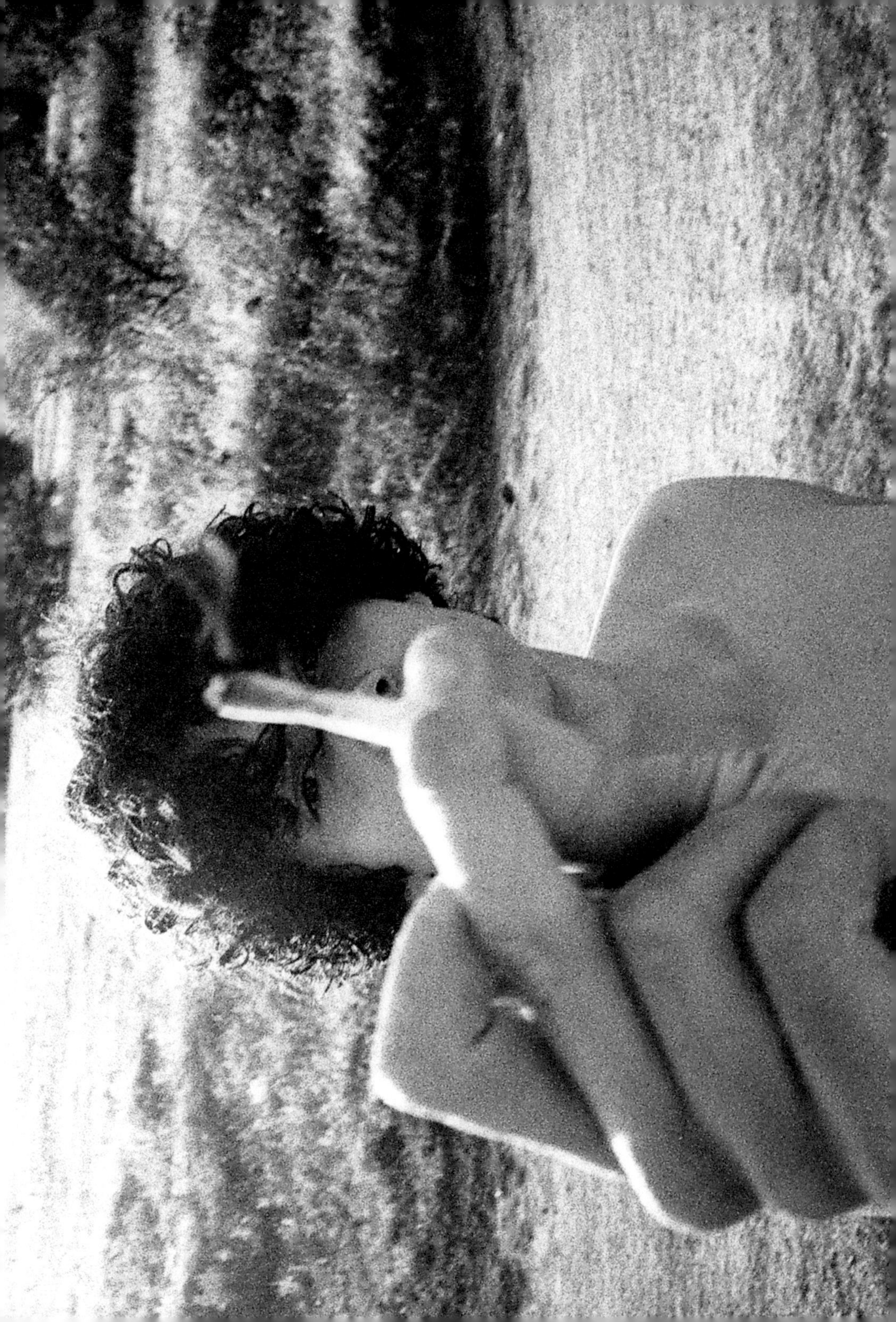

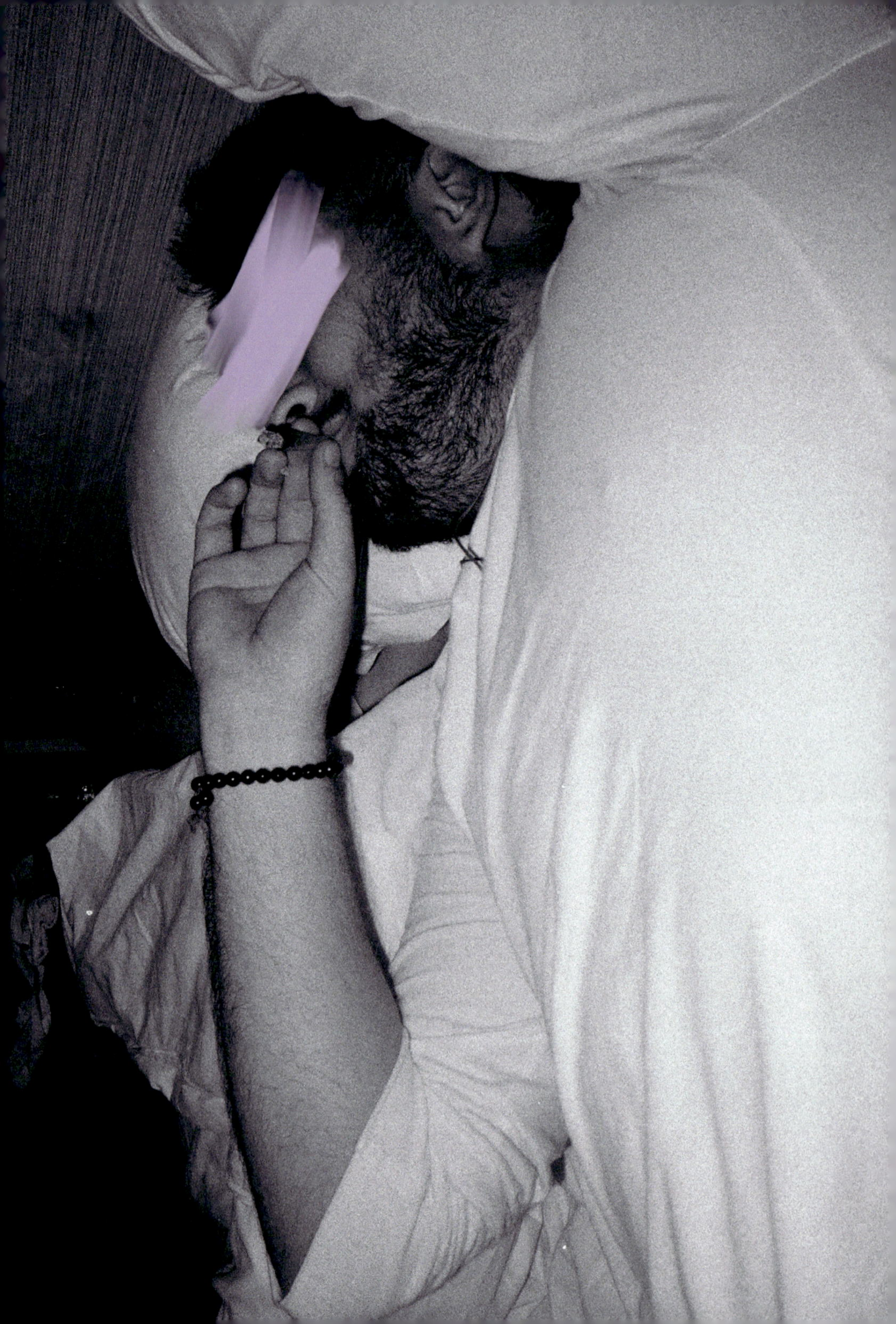

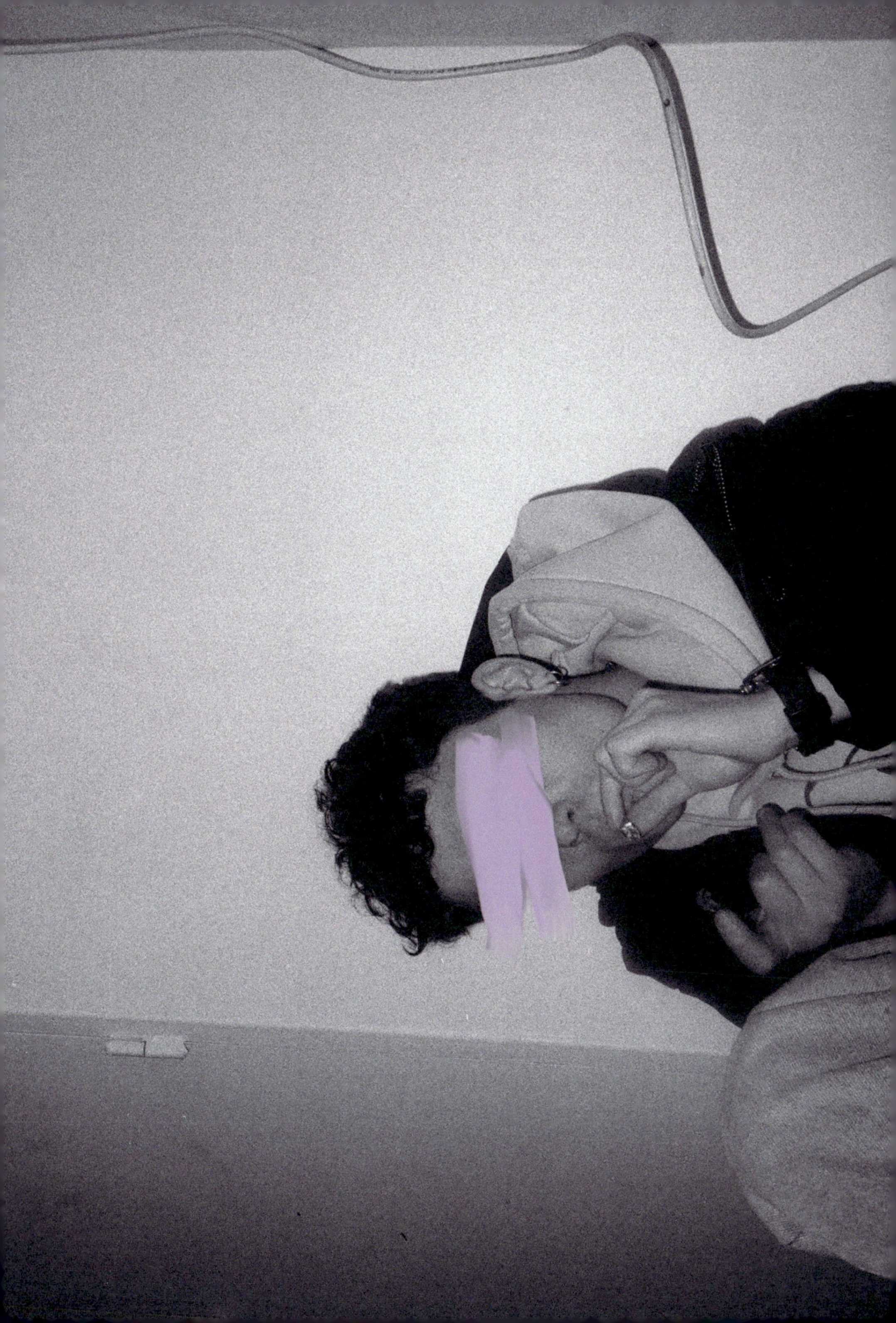

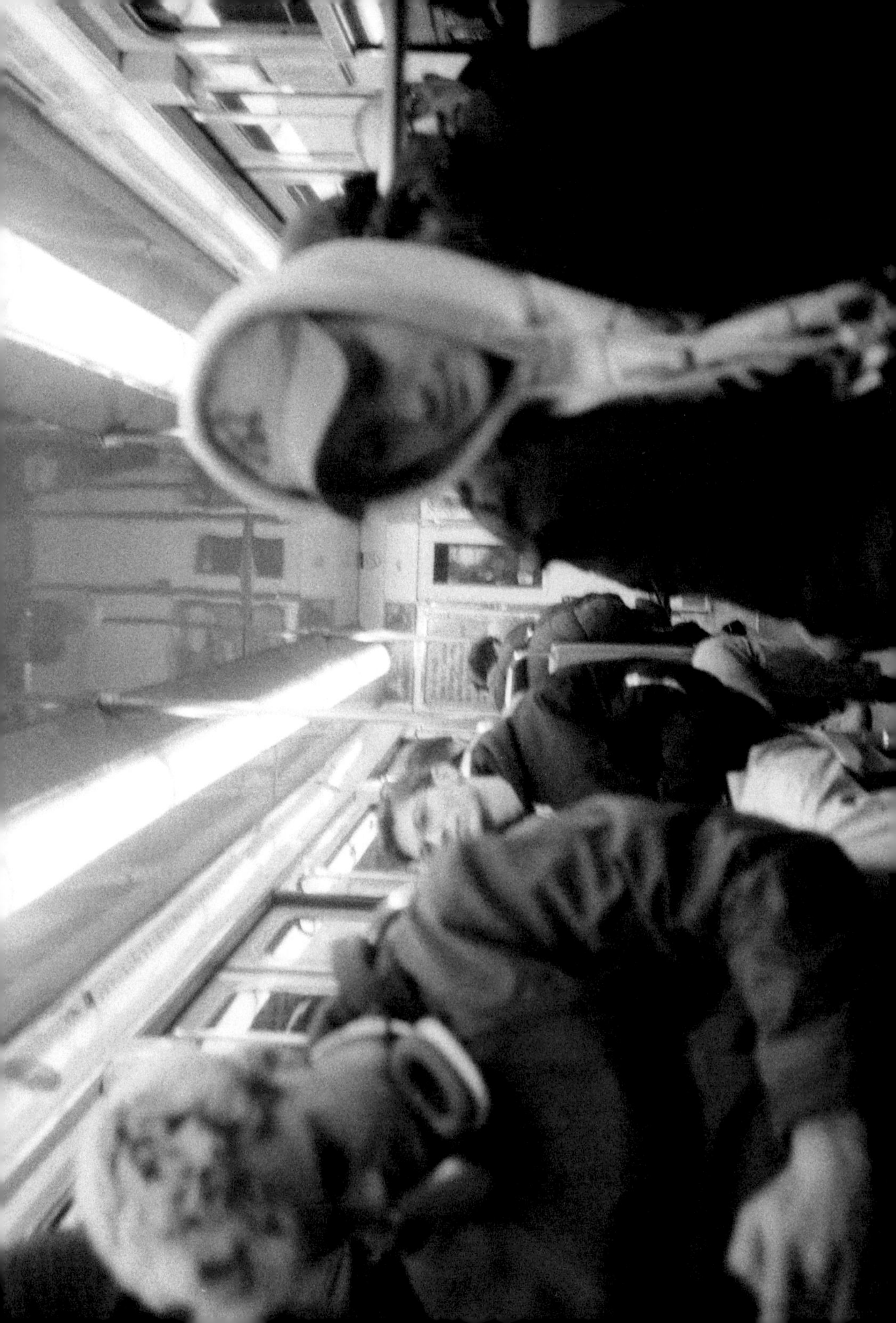

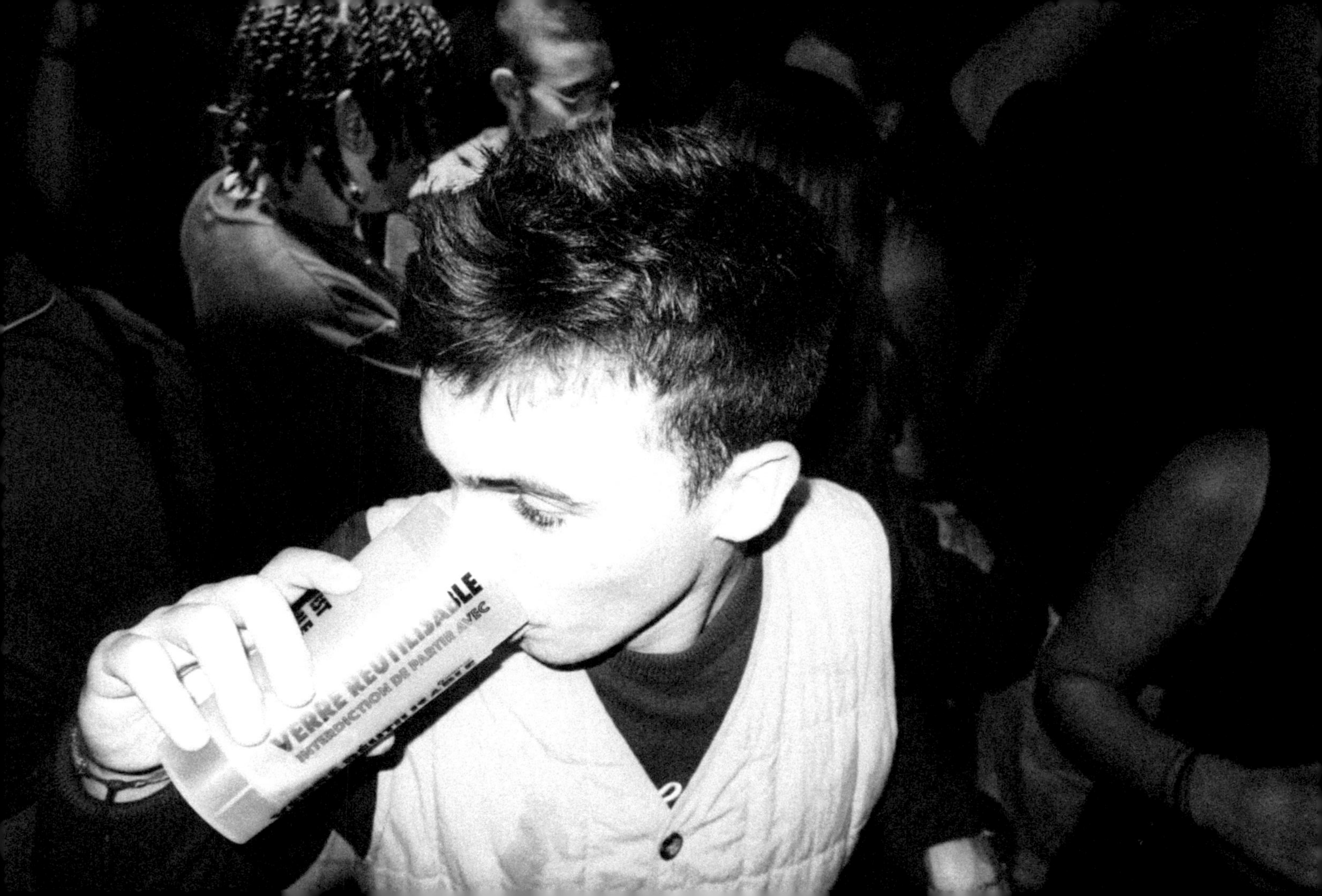
VERRE REUTILISABLE
INTERDICTION DE PARTIR AVEC

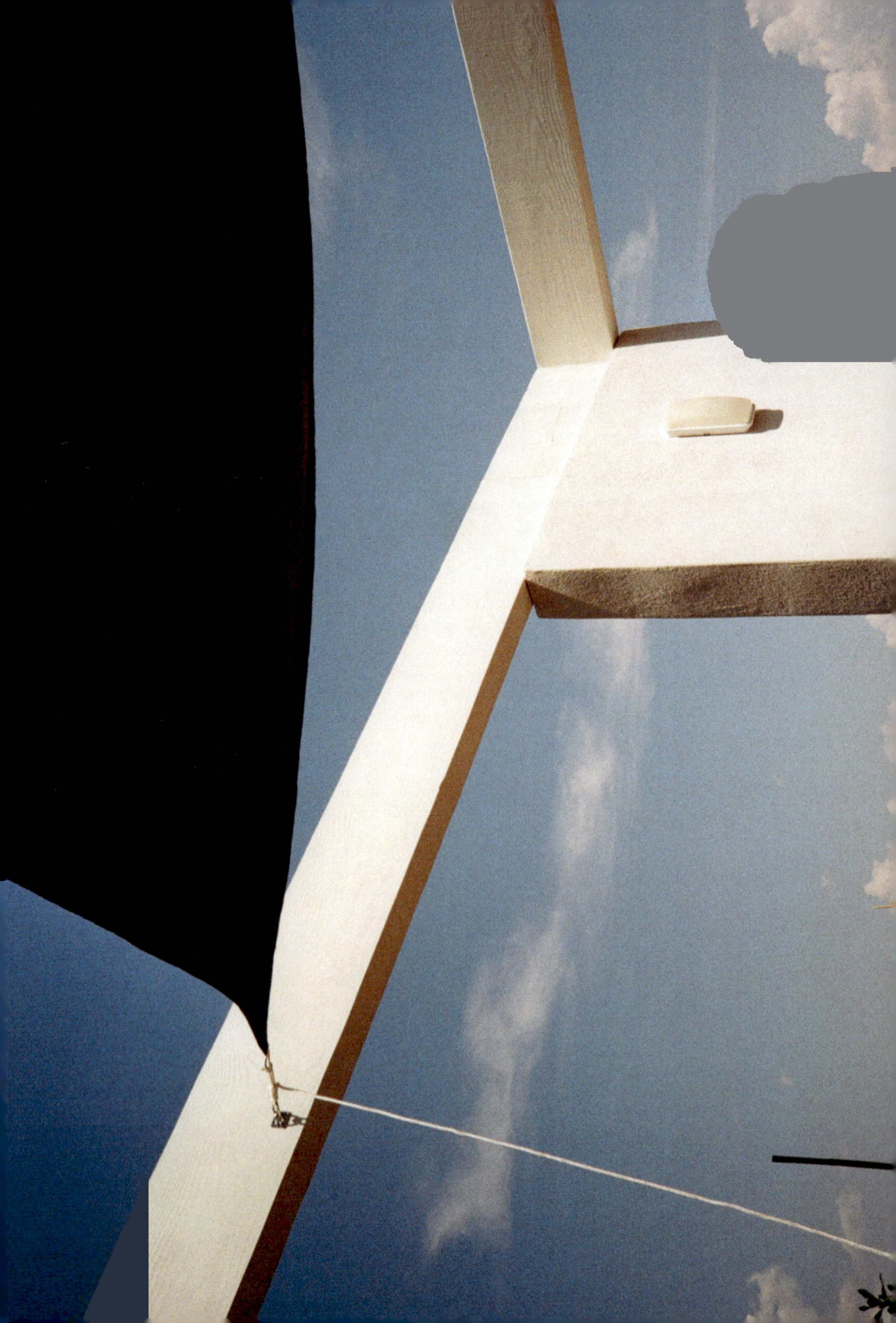

Les pieds cassés

<u>Jules</u>

Qu'est-ce qu'elle avait l'air chiante, le jour où je l'ai rencontrée. Je me suis tout de suite dit que c'était le genre de personne que l'on oublie sans même le savoir, le genre que l'on croise une fois dans notre vie et c'est déjà beaucoup.

Ce qui est fou avec Déra, c'est qu'aussi chiante qu'elle me soit apparue, je lui donne volontiers un rôle principal dans ma vie. Je l'ai rencontrée à la fin du lycée, elle avait alors une cinquantaine d'années. D'ailleurs, maintenant que j'y pense, je lui ai jamais vraiment demandé son âge. Pas par politesse, mais parce que c'était probablement le détail le moins intrigant à son propos. Le personnage était tellement particulier que tout un tas d'autres questions me venait en tête.

Je l'ai croisée lors d'une exposition sur les peintures « trompe l'oeil », organisée par ma tante galeriste. J'y passe rapidement, me disant que l'art et la famille, c'est important. Je dois vous avouer que je suis pas resté plus de dix secondes devant chaque peinture, premièrement parce que le thème du « trompe l'oeil » est amusant, mais pas passionnant, deuxièmement parce que mon œil n'est pas idiot.

Mon prof de français avait peut-être raison, ma génération est tellement exposée aux images sur les réseaux sociaux, absorbée par le doom scrolling, que je dois être insensible à la plupart des images que mes yeux découvrent. Quand on y pense, j'ai très certainement vu plus d'images dans mes 19 ans de vie que Léonard de Vinci n'en a vu jusqu'à sa mort. Maintenant, je scroll même dans les galeries d'art.

Et c'est dans ma précipitation que, dans le hall menant à l'exposition suivante, je tombe sur cette femme assise. Elle a pas l'air de faire partie du personnel, elle se repose simplement et observe les visiteurs sur une chaise — probablement celle de l'agent de surveillance qui visiblement est en pause clope. Elle m'interpelle :

« Jules, si je ne me trompe pas.

— On se connaît ?

— Ah, j'ai vu juste alors ! J'ai connu ta tante.

— D'accord, bon bah enchanté…

— Vous avez la même démarche qu'elle, c'est de famille on dirait. Et vous avez aussi en commun la fâcheuse tendance à survoler les expositions décidément. Ça m'a toujours agacée.

— Et vous êtes ?

— Je vous ai vu rentrer dans la galerie il y a seulement trente minutes, apprenez à prendre votre temps et apprécier les belles choses ! »

Si ma tante m'a bien appris une chose, c'est de se présenter aux inconnus. Et puis sérieusement, qu'est-ce que j'en ai à foutre de son avis sur ma façon de visiter l'exposition. Je vous l'ai dit, vous trouvez peut-être que j'exagère, mais cette femme avait l'air tout simplement chiante.

« Aide donc une vieille dame à se lever. Je vais t'accompagner voir l'exposition suivante, excellente de ce qu'on m'a dit.

— Vous êtes pas si vieille, je suis sûr que vous pouvez vous levez toute seule comme une grande.

— Par contre ta tante n'a jamais été mal polie, à l'inverse de ta mère… Enfin bref, donne-moi ton bras Jules. »

À l'inverse de ma mère ? Elle a connu ma mère ? En se relevant, son regard fixe le mien, comme si elle lisait les questions qui s'accumulent dans mon esprit.

Elle me dit s'appeler Déra. L'exposition qu'elle veut voir est une série de photos d'une jeune Parisienne originaire du Vietnam. Une certaine Nhu Xuan Hua. En circulant entre ces photos, Déra m'avoue sa passion pour la photographie :

« Pour moi, une photo artistique, c'est une photo dans laquelle on peut se plonger, se projeter. On ressent le message transmis par la photo en s'y projetant, on ressent ce que le sujet ressent ; on se libère de ce qui nous ancre dans notre être pour embrasser le mouvement figé de l'image. Une photo artistique, c'est un instant éternel et libérateur, qui soulage. Et ce même si le message transmis est grave, parce que, ce qui délivre le spectateur de son mal-être, ce n'est pas la légèreté d'une œuvre, mais sa justesse. Tu comprends Jules ? En fin de compte, prendre des photos artistiques équivaut à fabriquer des anxiolytiques. Plus la photo est artistiquement intense et juste, plus les effets anxiolytiques sont efficaces. C'est pour ça que j'aime prendre des photos : elles me soulagent de mes angoisses. »

Je regarde autour de moi, sans dire un mot. Elle s'arrête de marcher puis se tourne vers moi :

« Que penses-tu de ces photos-là ? Je veux entendre tes pensées, ne te renferme pas sur toi-même. »

Impossible, plus j'essaie de formuler une phrase, un mot, plus mon corps se bloque. C'est comme un automatisme de défense, j'arrive plus à bouger, à parler, j'ai du mal à respirer, mon cou rigide et ma gorge serrée. Elle reprend :

« Cette jeune artiste est très talentueuse. Comme tu peux le voir, elle a récupéré des archives de sa famille et les a modifiées numériquement : elle a effacé tous les visages qu'on pouvait observer sur ces souvenirs. Un travail artistique à l'image de la mémoire, des traumatismes... »

Elle s'arrête, laisse un silence. Mon corps est fébrile. Pourtant, il y a dix minutes j'étais en pleine forme. Je sais plus où me mettre, je reste là, je l'écoute. Elle reprend, mais cette fois-ci en dosant ses paroles, comme pour m'accompagner en douceur.

« Tu sais, avec ta mère, Iris... On était plus que des amies. Mais depuis le temps, et c'est normal après tout, ma mémoire n'arrive plus à reconstituer son visage. Je voulais simplement te dire que ta mère était une belle personne, je le sais, et dans ton visage vivent encore des fragments du sien. »

<u>Iris</u>

« Si j'aime de temps en temps m'asseoir, c'est parce que j'aime aussi courir. » C'est avec cette phrase que Déra m'a abordée. Elle a toujours aimé les phrases efficaces, courtes, comme si elle pensait qu'un jour des universitaires la citeraient. On avait la vingtaine quand nos vies se sont croisées.

Assise à l'arrière de sa moto, mes bras agrippés à sa taille, notre allure sur les routes de campagne avoisinait les 60 km/h. Les arbres défilaient silencieusement sur les côtés, le paysage automnal était parfait. Déra aimait courir, s'asseoir, mais aussi rouler en moto. Son deux roues, c'était un peu comme ma fusée, ma ligne de fuite, ma soupape, mon moment de pause à la surface avant de replonger dans les profondeurs.

Le soir, au coucher, je ne me sens pas à l'aise, mes pensées fusent, elles sont incontrôlables, elles forment parfois des visages terrifiants que je n'ai jamais vus, des visages qui me haïssent. Au réveil, je me sens tellement bien, à ma place. Le lit est confortable, il me réconforte comme un vieil ami et me protège de chaque nouvelle journée qui s'annonce. Mais au coucher, il m'accueille comme un inconnu, il est froid et dur, comme si je n'étais pas à ma place. Mon lit et mes pensées sont synchrones : le soir, je dois les persuader que je suis à ma place pour qu'ils me laissent tranquille, le matin ils sont doux avec moi. Pourquoi est-ce que mes pensées me harcèlent quand je veux juste dormir ? Pourquoi est-ce qu'elles me laissent tranquille au réveil ? Réveil = naissance ? Endormissement = mort ? Peut-être qu'au réveil, comme au premier jour d'un nouveau-né, notre conscience émerge innocente. Personne ne se pose de questions le jour de sa naissance, mais tout le monde en pose à propos de la mort. Il m'arrive d'observer Jules s'endormir sereinement dans son petit lit, du haut de ses quelques semaines de vie, il me rend déjà jalouse.

Un soir, j'entendais les voisins faire la fête. Je me suis dit que les jeunes font la fête toute la nuit parce qu'ils oublient qu'ils sont mortels. Ils restent debout, fuient leur lit froid et dur. Ils se droguent, leurs pensées sont absentes comme au premier jour d'un nouveau-né.

Si je préfère le réveil au coucher, c'est parce que je préfère ma conscience neuve et vierge de tous questionnements plutôt que folle et apeurée à l'idée de mourir un jour de plus. Une conscience, c'est dur à supporter. C'est dur de vivre avec ce poids, le doute.

<u>Déra</u>

Il y a quelque chose qui m'a toujours plu chez les politiciens et politiciennes. Je ne dirais pas que ce sont leurs idées — tout ce cirque ne m'a jamais vraiment convaincue — mais plutôt l'insolence dans leur manière d'affirmer une idée. L'un d'eux, probablement le plus insolent d'entre tous, un soixantenaire brun, de taille légèrement en dessous de la moyenne, a dit cette magnifique phrase : « Les choses les plus fragiles sont celles qui durent le plus longtemps, parce qu'on fait attention à ce qu'elles ne se brisent pas. » Elle sonne parfaitement juste, elle semble rentrer dans le moule de la vérité.

Je ne vais pas passer par quatre chemins, Iris n'était pas fragile, je pense qu'elle avait une passion en elle qui brûlait, comme un moteur à essence : son amour pour Jules. Mais la dépression était grande et a tout éteint.

Un jour, je la connaissais, l'autre je ne la comprenais plus. Je l'aimais lorsqu'elle était présente, je la perdais quand elle se posait des questions toute seule dans sa tête. Puis, un matin, je l'avais complètement perdue. Les tours en moto ne suffisaient plus à la sortir de sa tête. Elle ruminait et son monde finissait par s'écrouler. Ma moto n'était plus assez rapide pour fuir l'écroulement. En fait, ce n'était pas vraiment un écroulement à proprement parler. Les décors de son monde s'envolaient plutôt comme des draps au vent. Je percevais dans le rétroviseur son décor partir, s'envoler et les cendres de ce qu'il en restait nous poursuivaient.

Elle aimait l'automne, et je pense qu'elle voulait simplement se laisser tomber comme une feuille morte et pourrir au sol comme le reste de son monde. Elle n'avait plus la foi de lutter contre son esprit.

C'est à cet automne, celui de nos 25 ans, que nos chemins se sont séparés. Le moteur de la moto vrombissait et comblait le silence des arbres qui défilaient à côté de nous. Comme à son habitude, ses mains m'agrippaient, elles me serraient fort. La route n'était pas tout à fait droite, elle zigzaguait légèrement entre les champs et les forêts. Il faisait encore bon : des restes de l'été. Après plusieurs kilomètres parcourus, le réservoir à essence était maintenant vide. C'est bête, mais j'étais si préoccupée par l'état d'Iris qui se dégradait que je n'avais pas fait attention au niveau du réservoir.

Que faire quand la moto ne marche plus ? Il suffit de descendre et de continuer à pied. Je me tue à convaincre Iris de marcher vers la prochaine ville, peu importe la distance, plutôt que d'attendre une éventuelle voiture qui pourrait passer et nous aider. Je comprends dans son regard qu'elle n'a pas la force de continuer à pied.

Alors je pars, mais sans Iris. Je cours pour faire vite, pour ne pas la laisser poireauter plusieurs heures toute seule, mais je me dis que j'aurais dû lui proposer de courir à mes côtés. Qu'on court ensemble sans s'arrêter, qu'on avance nos pieds, l'un après l'autre, jusqu'à les casser, puis que l'on se relève pour continuer. Peu importe les kilomètres restants, ce n'est pas vraiment l'arrivée qui compte, et d'ailleurs il n'y en a peut-être pas. Il faut courir, conquérir, sans arrêt. Parce qu'une course se termine seulement lorsque l'on s'arrête. Ce jour-là, Iris s'était arrêtée, et quand je suis revenue avec un bidon d'essence à la main, elle reposait sans vie sur le sol.

Jules grandira, courra, se cassera les pieds, puis se relèvera. Je serai là pour l'accompagner, l'aider à grandir.

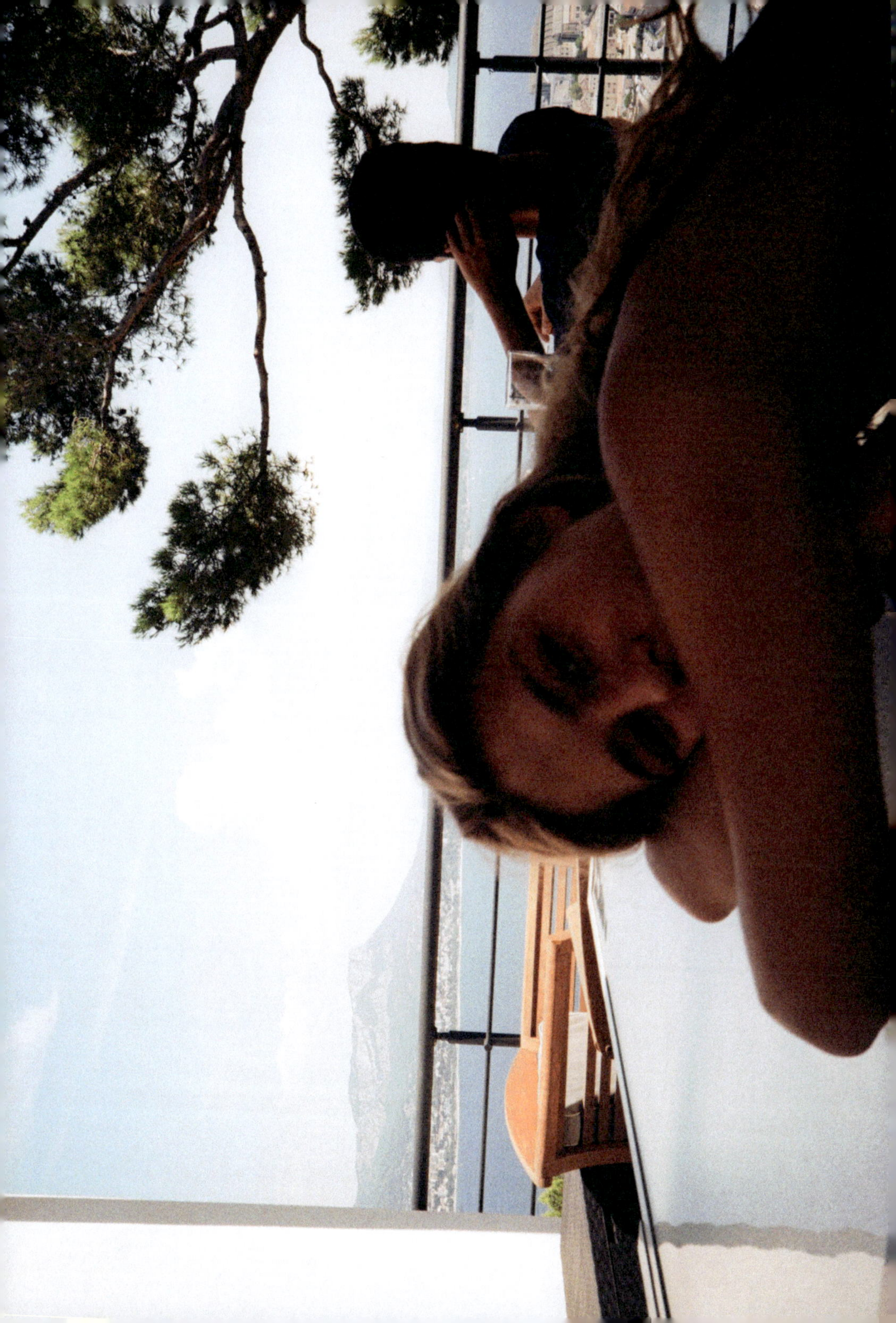

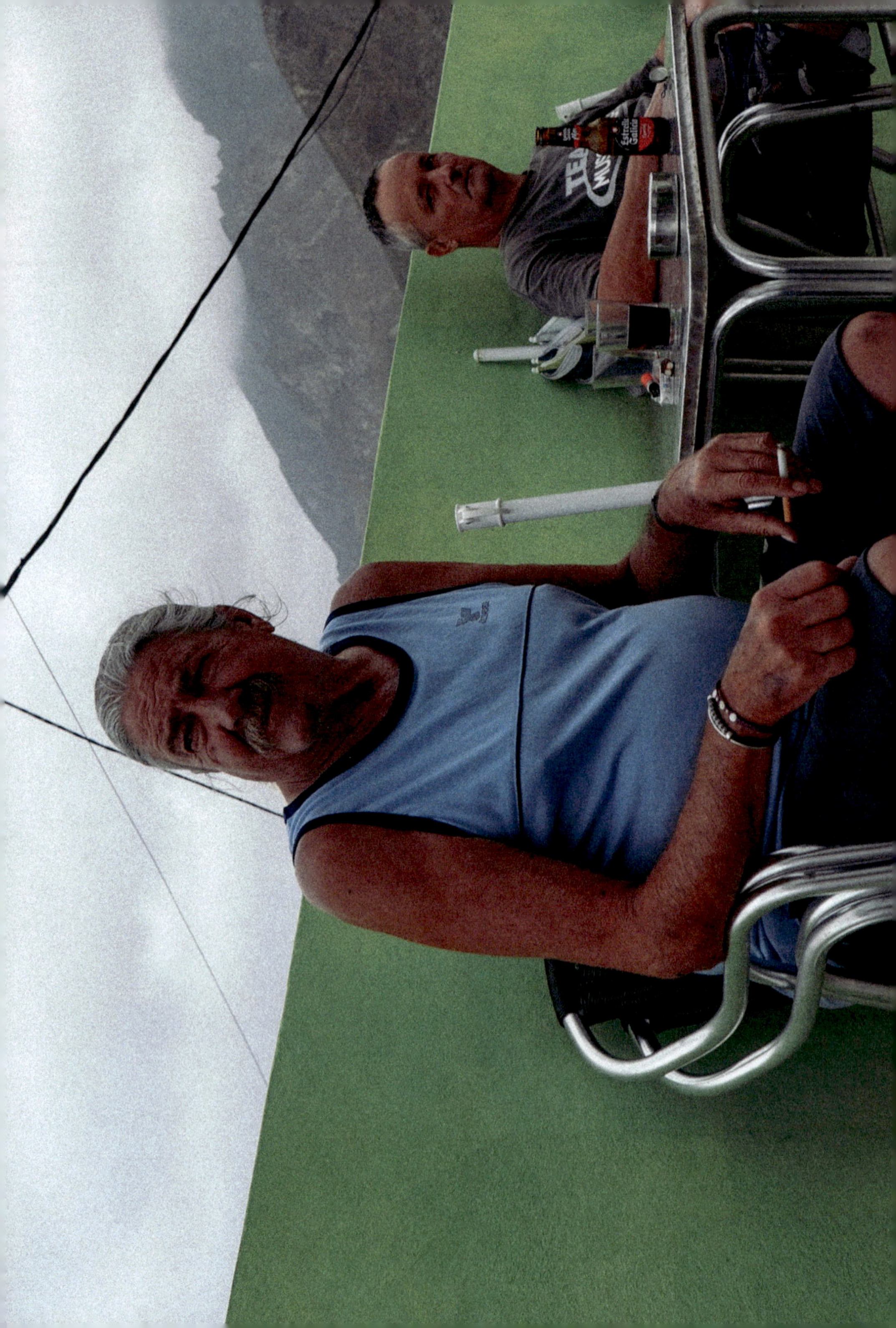

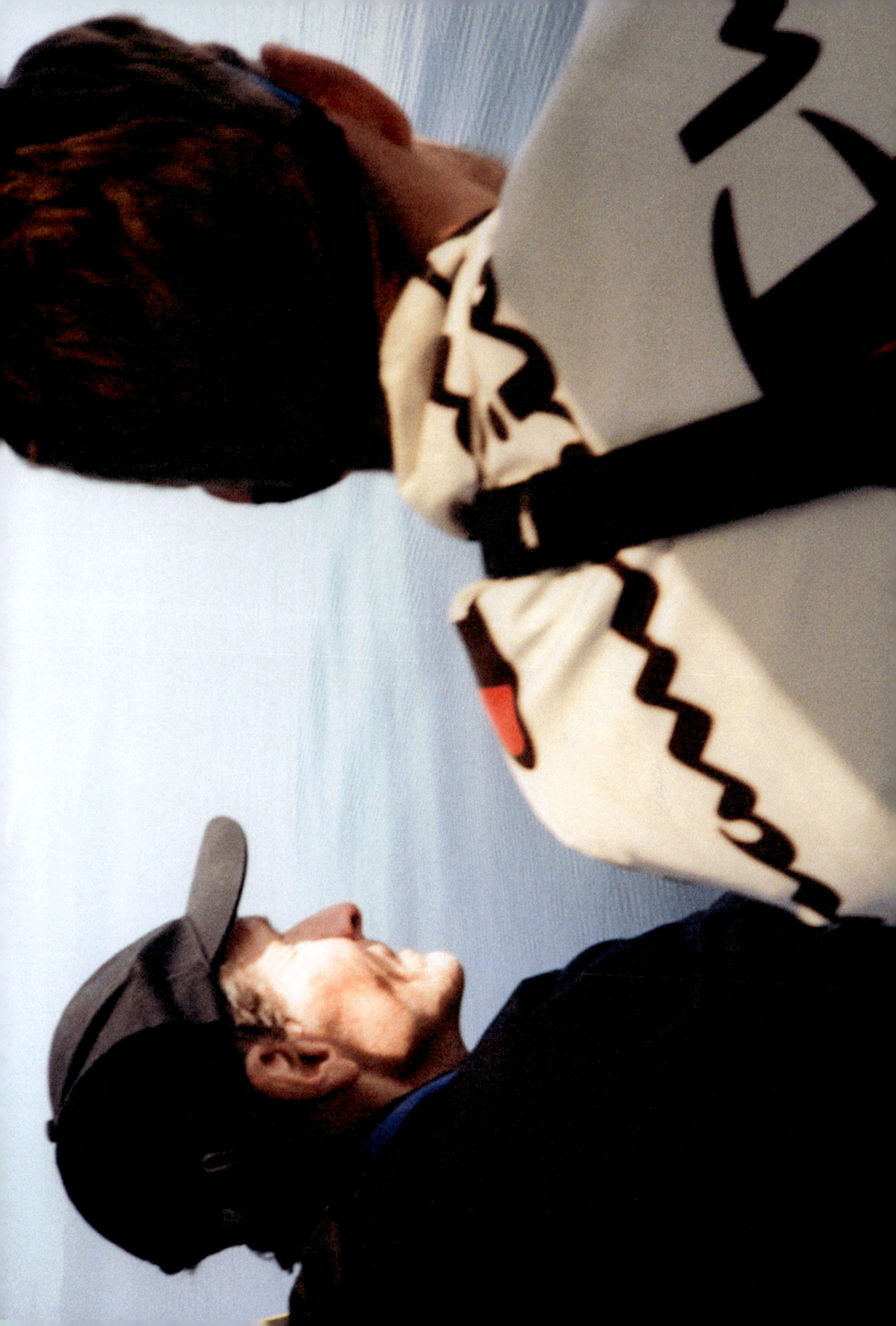

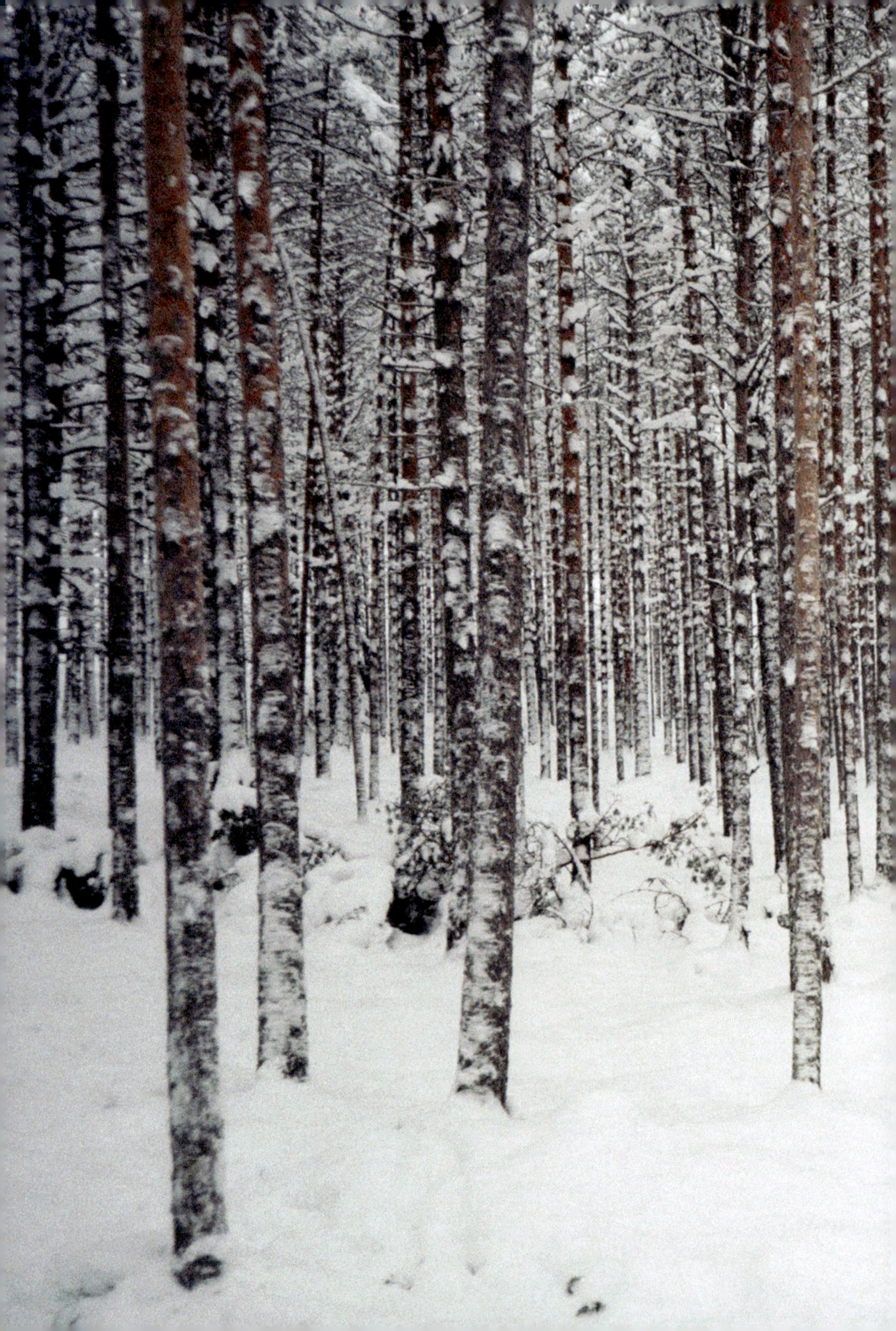

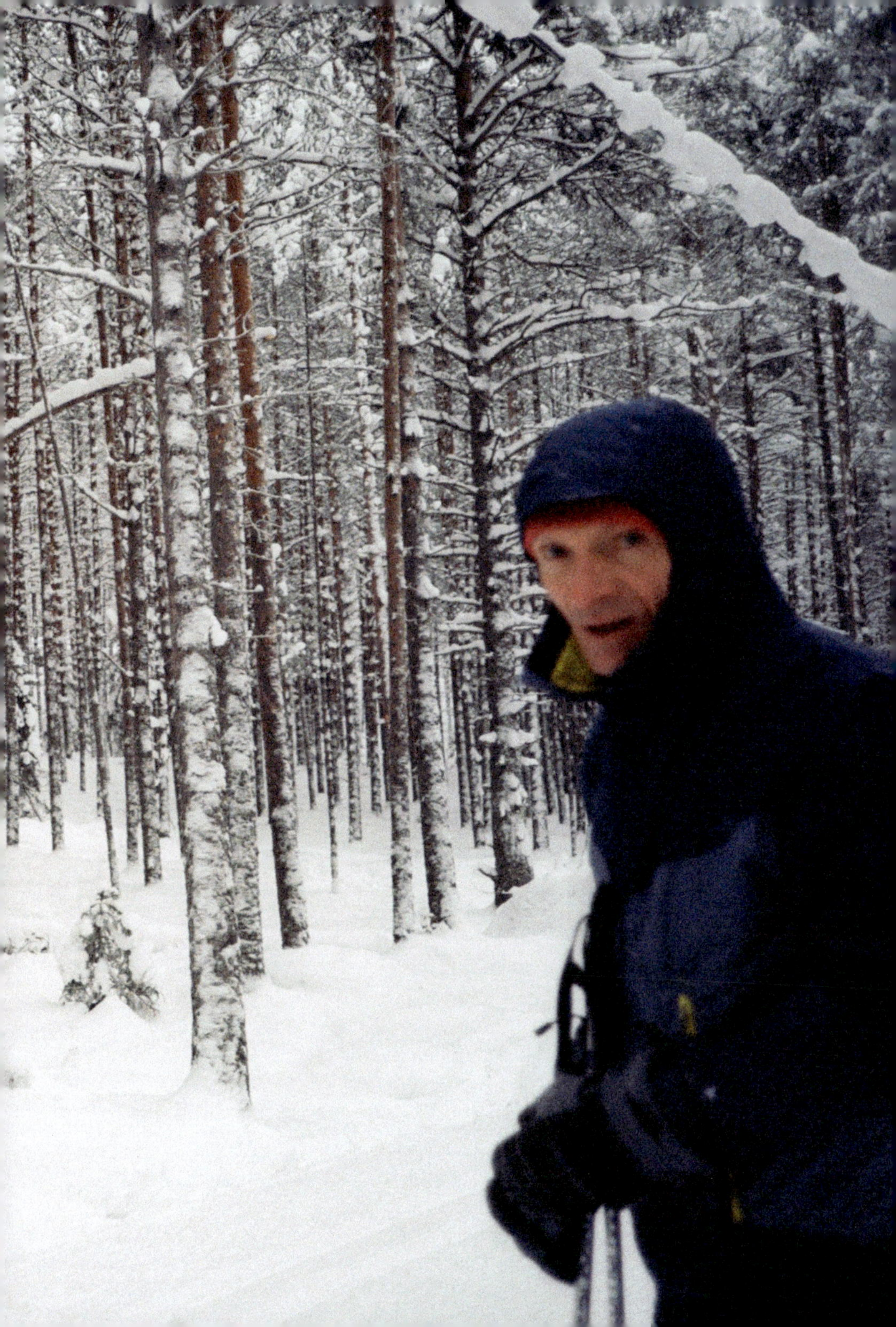